신혜영 수필집

어머니와 말뚝

문학공원 산문집 61

신혜영 수필집

어머니와 말뚝

문학공원

작가의 말

매일 서툰 잠으로 밤을 설치며 그동안 써놓았던 글들을 정리했다. 솔직히 책을 펴낸다는 것은 기쁨이기도 하지만 무거움이기도 하다.

글을 쓰면서 위안도 받고 행복했다. 그러나 때론 글쓰기가 더 나를 외롭게 만들었다. 책을 펴내기 전 나는 밤마다 무수히 많은 생각의 탑을 쌓았다 무너뜨리는 일을 반복했다.

책을 읽는다는 것은 누군가의 삶을 들여다보는 것이라고 했다. 시와 달리 함축시킬 수도 시어로 가릴 수도 없어 때론 난감하기도 했다. 그래서 나는 내 글을 책으로 엮어 내놓는 것이 처음이 아니면서도 여전히 쑥스럽다.

이번이 3번째 수필집으로 내 삶의 일상과 고뇌와 갈등이 그대로 담겨져 있는 고백의 글이다. 누구나 경험하며 살아가는 이야기를 바탕으로 썼지만, 결코 가볍게 쓴 글이 아니라는 것도 말하고 싶다.

끝으로 예기치 못한 코로나로 봄도 꽃들도 멍든 요즘에 내 삶의 일부를 한 권의 책으로 엮어 세상에 내놓으며 그래도 누군가 내 글을 읽고 공감해주리라는 믿음을 갖고 용기를 낸다.

늘 박수쳐주는 가족에게 고맙다는 말을 전한다.

2021년 봄

신 혜 영 배상

차 례

1부. 봄, 멍든 제비꽃

2부. 그리움과 눈물

3부. 남기고 싶은 이야기

4부. 혼자서 부르는 노래

차 례

5부. 따뜻한 사람들

6부. 여행에서 만난 행복조각들

작품해설

1부
봄, 멍든 제비꽃

잃어버린 봄

2020년 봄은 아무래도 오래오래 기억될 것 같다.

작년 말 중국에서부터 시작되었다는 코로나가 설날 즈음에는 한국에 또 지금은 전 세계를 대상으로 공격해 평범한 일상을 어김없이 무너뜨렸다. 마치 세균전을 방불케 하며 지역에서 지역으로 확산되던 코로나는 지구의 많은 생명을 앗아갔다.

그러는 사이 겨울이 지나고 봄이 가고 있다. 올봄은 어떻게 지냈는지 조차 기억이 거의 없다. 그저 코로나가 종식되기만을 기다리고 노심초사 가슴을 졸이며 두문불출하고 하루하루를 지내지 않았나 싶다. 웬만한 개인 약속이나 모임은 모두 미루고 일이 있어 꼭 나가야 되면 마스크를 쓰고 나갔다 와서도 무엇인지 모르게 찜찜하고 불안하여 우울하기까지 했다.

그렇게 몇 달을 지내고보니 마치 감옥 생활을 하는 것처럼 숨이 콱콱 막혔다. 그래서 어느 날, 드라이브라도 해보겠다고 집을 나섰다. 해마다 봄이면 벚꽃이 만발하는 김삿갓 계곡으로 향했다.

코로나로 사회적 거리두기를 하라는 정부방침대로 꼼짝 않고 집에만 있던 동안 바깥세상에는 아무 일도 없었다는 듯 봄이 오고 있었다. 인간사는 세상은 코로나로 어지러웠지만 자연은 그 모습 그대로였다.

강물은 봄 햇살 아래 겨울 비늘을 가볍게 털고 일렁이고 있었고, 나무에는 푸릇푸릇하게 물이 오르는 모습이 확연했다. 또 길갓집 담장 아래 목련은 꽃들을 알전등처럼 하얗게 가지마다 달고 주위를 환하게 밝히고 있었다. 온통 봄이었다.

김삿갓 계곡으로 들어서자 벚꽃이 만발해 계곡은 꽃 세상이고 꽃천지였다. 이런 아름다운 봄을 제대로 느낄 수 없는 현실이 안타까웠다. 산골 계곡이지만 펑펑 팝콘처럼 소릴 내며 터지듯 피어나는 벚꽃들을 코로나의 사슬에 매여 차에서 내릴 엄두가 나질 않아 차 안에서만 내다보고 돌아왔다.

60이 훌쩍 넘도록 살아왔지만 이런 경우는 처음이다. 그렇게 우리는 코로나로 봄을 잃어버렸다.

작년 봄에 태어난 외손녀도 올봄에 돌을 맞이하게 되어 한창 밖에서 아장아장 걸어 다닐 요즘 방안에만 있다. 아기에게도 봄은 없다.

얼마나 안타깝고 우울한 일인가? 그동안의 우리가 누렸던 평범하고 당연했던 것들이 얼마나 소중했었나 하는 것이 이제야 알게 되었다.

봄이 지나면 코로나도 종식될 줄 알았는데 어쩌면 올해는 여름도 빼앗길 것 같다. 이 당연했던 것과 평범한 일상들은 언제 다시 우리에게 돌아올까?

잃어버린 봄,

문득 성 테레사 수녀님의 "인생은 낯선 여인숙에서의 하룻밤과 같은 여정이다."라는 말이 떠오른다.

그건 요즘의 세상이 낯선 여인숙보다 더 낯설게 느껴지기 때문이다.

왜 이 아이들은 마스크를 안했나요?

오랜만에 손자 녀석을 만났다. 답답할 텐데 작은 얼굴 가득 마스크를 쓰고 온 손자를 보니 마음이 짠했다. 외출할 때도, 놀이터에서 놀 때도, 어린이집에 오갈 때도, 또 어린이집에 가서도 늘 마스크를 쓰고 있는 손주 녀석은 이제 마스크를 안 쓰면 아무 곳도 못가는 줄 익히 알고 있다.

지금 두 돌도 채 안 된 외손녀도 마찬가지다. 아직 말을 잘 못하는 외손녀도 우리에게 나갈 때면 마스크를 하라고 손으로 입을 가리키고, 외출에서 돌아오면 손부터 씻으라고 욕실을 가리키며 고사리 같은 두 손을 비빈다. 이 아이들에게는 이제 나갈 때는 마스크를 써야하고, 들어오면 손부터 씻어야하는 것이 아주 당연한 일이 되어버렸다.

마스크 없이는 외출할 수 없는 시대, 예전에는 영화에서나 볼 수 있던 그런 시대가 바로 요즘이다. 정말 어쩌다 이런 영화 같은 시대가 왔는지 정말 알 수 없는 일이다. 손주 녀석이 놀다 돌아갈 때 며늘아이가 손주에게 마스크를 씌워주며 이런 말을 한다. 얼마 전 그림책을 보던 손주 녀석이 그 안에 나오는 아이들을 보고 이렇게 말하더란다.

"엄마, 왜 이 아이들은 마스크를 안했어?"

예전에 나온 그림책 속에 아이들이 마스크를 하고 있을 리가 없다. 그런데 이 마스크를 안 한 아이들의 모습이 손주 녀석 눈에는 정말 이상하게 보이고 이해가 되지 않았을 것이다. 그 소리를 듣고 다 같이 웃었지만 사실 마음이 아프고 내심 많이 속상했다.

1월부터 스멀스멀 시작되었던 코로나 소식이 2월이 되면서 본격화되었고 평온했던 일상을 무너뜨리고 우리를 갑자기 불안에 몰아넣었다. 그래도 처음에는 지난 사스나 메르스 등을 겪어 봤기 때문에 늦어도 몇 달만 조심하면 끝날 줄 알았다. 그렇게 그때는 혼자 생각에 곧 끝날 거라는 희망이 있었다. 그래서 잠시만 조심하면 될 줄 알고 외식도 안 하고 삼시세끼 집에서 밥을 차리고, 가끔 보던 지인들도 안 만나고, 서울에 있는 아이들과의 왕래도 안하며 살았다.

그러나 대구에서 폭발적으로 확진자가 쏟아지면서 매일매일을 뉴스에 매달리게 되고 불안은 커져만 갔다. 그런 와중에 봄은 왔지만 봄날을 만끽하지도 맘 편히 꽃구경도 못한 채 놓치고 말았다. 결국 마스크는 그때부터 필수가 되었고 갑자기 늘어난 수요로 모든 국민들은 마스크를 구하지 못해 맘 졸이고, 결국엔 주민등록증을 가지고 자기 해당요일에만 약국에서 살 수 있는 해괴망측한 일까지 벌어졌다. 살아오면서 자신임을 확인받고 물건을 사기는 처음이 아니었나 싶다.

이렇게 마스크 사기도 힘든 상황은 나를 가차 없이 집안에 가두었다. 내가 집에서 할 수 있는 일은 정해져 있다. TV를 보거나 책을 읽거나 글을 쓰는 일이다. 그래도 처음에는 이참에 글이나 많이 써보겠다 했지만 그도 뜻대로 되지 않았다.

글이란 시간이 많다고 쓰여지는 것은 아니기 때문이다. 사실 그동안 내게 가장 많은 글을 쓰게 했던 건 갑작스럽게 돌아가신 어머니의 부재였다. 공허함과 그리움과 큰 슬픔은 나를 글을 쓰게 했고 그때 난 많은 글을 쓰며 글 쓰는 일로 위로 받았다.

그러다 작년 말 아버지마저 떠나신 뒤에는 내게 이제 부모님이 모두 안 계신다는 결핍에 시달리며 아무 것도 할 수 없었다. 늘 쓰던 글도 아무리 손을 뻗쳐도 닿지 않는 하늘의 별들처럼 멀게 만 느껴졌다. 그 속에 겹친 코로나는 더 더욱 내 마음을 궁핍하게 했고, 늘 마음 한 구석이 덜컹거려 글을 쓸 수가 없었다. 결국 봄을 잃게 했던 코로나는 여름도 가을도 빼앗아 버리고 내 마음의 평온마저 잊어가게 버렸다. 엉켜있는 풀숲에서 찾기 힘든 출구를 찾기 위해 헤매듯 갈팡질팡했고 불안하고 어정쩡했다. 늘 쉬고 있어도 그

쉼이 편하지 않았다.

코로나가 많은 걸 바꾸어 놓았다. 일상부터 사회 전반을 흔들어 놓았다. 아무리 잡으려 해도 그림자처럼 잡히지 않는 코로나로 인해 모든 것이 불편하다. 가끔 코로나의 또 다른 이름이 절망이 아닌가 싶기도 하다. 하지만 그래도 이 또한 지나가리라는 마음으로 다시 희망을 가져본다. 영원한 것은 이 세상에 아무 것도 없다는 진리대로 이 지긋지긋한 코로나도 언젠가는 끝나리라 믿는다.

세월이 많이 흘러도 절대 잊혀지지 않을 2020년, 그건 바로 이 코로나 때문이 아닐까 싶다.

탄생

2017년 2월 21일 겨울이 끝나가고 이제 막 봄이 오려 꼼지락거리던 어느 날, 친손자가 천사의 모습으로 우리 곁에 왔다. 그날 마침 일이 있어서 딸아이 집에 머물고 있던 터에 아들의 전화를 받았다. 며늘아기가 조금 전에 순산을 했고, 건강한 아들이 태어났다고 한다. 그 소식을 듣고 금방 달려가고 싶었지만 이제 막 아이를 낳은 며늘아기에게는 나보다 친정엄마가 더 필요하고 더 보고 싶을 것 같아서 가고 싶은 마음을 누르고 괜스레 집을 나서 쇼핑 몰을 어정이고 있었다.

시간이 좀 지났을까? 아들에게 또 전화가 왔다. 장모님께서 감기로 오시지 못한단다. 그 소리에 남편과 딸아이와 함께 며늘아기가 입원해있는 잠실 산부인과로 달려갔다.

드디어 손자와의 첫 상봉 시간이다. 간호사선생님은 옹기종기 모여 기다리고 있는 우리 앞으로 아기를 안고 나타났다. 우리를 처음 만나는 아기는 무엇이 부끄러운지 얼굴이 빨갛게 물들어 있었고 잠자는 아기를 데려왔는지 눈도 제대로 못 뜨고 있더니 갑자기 울기 시작했다. 안쓰러워 보였던지 남편이 간호사 선생님에게 빨리 데려가라 말한다. 아직은 누굴 딱 닮았다고 말하기 어려운 아기지만 아기를 본 우리들은 괜스레 들뜬 마음을 숨기기 어려웠다. 은근히 기다리던 손주가 태어났고 이제는 나도 정말 할머니가 되었다.

그 뒤 엄마를 따라 조리원에 간 아기의 모습은 요즘 세상이 좋아져 직접 가보지 않아도 어디서든 아기의 모습을 휴대폰으로 볼 수 있었다. 다행히 휴대폰으로 아기가 딸꾹질을 하는지, 잠을 자는지, 하품을 하는지를 잘 놀고 있는지를 확인할 수 있어 좋았다. 그리고 2주간의 조리원 생활을 마치고 집으로 돌아간 손자가 시도 때도 없이 보고 싶었다. 어디를 가나 눈앞에 손자의 모습이 아른거렸다.

누구나 주변에서 일찍 손주 본 친구들은 손주가 자식보다 그렇게 더 예쁠 수가 없다더니 그 말이 맞다. 참으로 예쁘고 하는 짓 모든 것이 신기했다.

그래도 우리 마음을 아는 며늘아기는 자주 손자의 모습을 영상통화를 통해 보여주고 시간이 되면 만날 기회를 만들어 준다. 낯가림이 심한 손자지만 가끔 보는 할아버지를 좋아해 만나면 바로 안겨 엄마 아빠에게도 안 가려 한다. 나도 할머니인줄 아는지 내 품에 안겨서도 잘 논다.

품에 안고 가만히 손자의 얼굴을 들여다보고 있노라면 며늘아기 모습도 있지만 아들의 어릴 적 모습과 완전히 똑같은 붕어빵이다. 그래도 그 얼굴 속에는 남편의 얼굴도 있고 내 얼굴도 언뜻언뜻 보인다.

어찌 천륜을 속일 수 있겠는가? 오늘도 이른 아침부터 남편과 나는 손자의 모습을 볼 수 있는 영상 통화만을 기다리며 손자이야기로 얼굴 가득 피는 웃음을 참지 못하고 싱글벙글했다.

손자의 탄생은 우리의 삶을 이렇게 행복하게 바꾸어 놓았다. 오늘도 촘촘한 방충망 사이로 걸러진 얇은 봄 햇살이 거실에 넘실대는 오후, 기다리던 영상통화 벨소리가 울린다. 영상 속 손자가 남에게는 안준다는 간식을 날 먹으라고 건네주더니 할아버지 얼굴을 보고는 빨리 오라고 고사리 같은 손으로 손짓을 한다. 이제 돌을 갓 지난 아기가 무엇을 알고 이러는지? 갑자기 설레는 이 마음, 손주는 우리 인생에 리본을 묶어서 오지는 않았지만 아주 큰 선물로 주어졌음이 분명하고 나나 남편은 요즘 손자 사랑에 푹 빠져 헤어나지 못하고 있다.

우리 아가에게

겨울이 떠나고
이제 막 봄이 시작되던 날
빛나는 모습으로 우리 곁에 왔다

봄꽃인들 이보다 더 화사하랴
별빛인들 이보다 더 빛나랴
불꽃인들 이보다 더 아름다우랴

첫사랑에 달뜬 그 기분보다
더 달뜨고
꿀처럼 달콤했던 순간보다
더 달콤한

봐도 돌아서면
금세 보고 싶고
그저 생각만으로도
가슴이 뛰는 너
우린 무슨 인연으로 만났을까?
불교에서는 2천겁의 인연이라 했거늘
그 어머 어마한 고운 인연 엮어서
우리에게 살며시 다가온 너

햇살은 너로 인해 더 빛나고
세상은 너로 인해 더 아름다워졌고
우린 너로 인해 더 행복해졌다

네가 웃으면
세상이 웃고
네가 아프면
내 마음이 더 아프다

사랑으로 우리에게 온 너
제발 건강하게 자라거라
지혜롭게 자라거라
잘 웃는 아이로 자라거라

그리고 매사에 긍정적인 아이로
아주 아주 잘 자라거라.

사랑에 빠지다

며칠 동안 아침이 밝아도 앞산이 안보일 정도로 미세먼지가 기승을 부려 오늘도 또 미세먼지구나 했는데 창밖을 내다보니 바람타고 휘날리는 눈발이 보인다. 눈이 내리고 있었다. 잊혀진 기억의 환영처럼 그렇게 한 치 앞이 보일 듯 말 듯 너울너울 내리는 눈을 보며 어김없이 그를 생각한다.

요즘 나는 사랑에 빠졌다. 그것도 진한 사랑에 빠져 정신을 못 차린다. 사랑에 빠져 본 적이 얼마만인가? 20대 중반 어느 날 홀연 듯 사랑에 빠져 정신 못 차렸던 것 말고는 처음이 아닌가 싶다. 늘 보고 싶고 늘 그의 전화를 기다린다. 그렇게 밤낮으로 그의 생각에 빠져 있다. 그에게 빠져있다 보니 '빠지다'라는 표현 외에는 아무리 생각해도 적당한 표현이 없다. 늘 생각나고 늘 보고 싶고, 생각하면 저절로 미소가 번지는 그런 상태, 정말 왜 사랑에 빠진다는 표현을 쓰는지 알 것 같다. 그러고 보면 미움이나 기쁨, 화남……, 이런 것은 '빠지다'라는 표현을 쓰지 않는다. 그만큼 사랑처럼 올인하지 않는다는 말이 아닐까 싶다. 사랑만이 올인하고 깊게 빠질 수 있는 감정임이 분명하다.

그는 봄 햇살처럼 따스하고, 가끔 그의 얼굴은 잘 익은 자두빛깔처럼 발그레하고, 들풀처럼 잔잔하고 새뜻하지만 때론 달콤한 향기도 난다.

그를 처음 만난 건 2017년 2월이었다. 보자마자 한눈에 반했고 내가 다시 이렇게 사랑에 빠질 줄은 꿈에도 몰랐다. 그가 조금씩 자라면서 나는 그의 손짓 몸짓 눈빛 하나에도 신비함을 느끼며 매사 신기하고 사랑스러웠다. 자주 만나지도 못하는데 전화만 하면 자기네 집으로 오라고 손짓하고, 어쩌다 가면 계속 불러대며 자기 옆에 와 앉으라 하고, 남에게는 절대 안 준다는 제일 좋아하는 과자도 선뜻 내주고, 헤어질 때는 안 된다며 못 가게 하는 그에게 어찌 사랑에 빠지지 않을 수 있겠는가?

그의 눈빛 손짓에는 분명 헤로인이 들어있다. 만나기만 하면 그의 눈빛에 취해 손짓에 취해 헤어 나오지 못하는 중독성, 자꾸 자꾸 그가 보고 싶다. 누가 시키지 않았는데도 나는 그에게 이미 중독된 지 오래다.

솔직히 손주 녀석이 태어나기 전에는 주변 사람들이 손주들 사진 보여주고 자랑하는 걸 남의 일만 같아 이해 못했던 적도 있다. 그리고 그렇게 예쁠까 의심스럽기도 했다. 그러나 내게도 손주가 태어나고 마침내 현실이 되었다. 늘 남에게 보여주고 싶고 자랑하고 싶다. 그를 사랑하니까……. 남이 뭐라던 난 사랑에 빠져있으니까…….

나이가 들면 문득 문득 아무런 이유 없이 내면 깊숙이 긴 한숨 같은 쓸쓸함이 때론 외로움이 생기곤 한다. 그러나 그를 생각하면 봄눈 녹듯 사라진다. 그가 바로 약이다. 그는 내게 매일 매일의 선물이다. 나는 사랑에 빠졌다. 사랑하면 자꾸 내주고 싶다더니 나도 그에게 무언가 주고 싶다.

경제적으로 줄 것은 딱히 없어 비록 금수저를 물려줄 수 있는 할머니는 아니지만 적어도 정서적으로는 금수저를 물려주는 그런 할머니가 되고 싶다. 그리고 지금처럼 그가 건강하고 지혜롭고 밝고 맑게 자라기를 바랄 뿐이다. 꽃잎처럼 휘날리던 눈들이 어느새 자취를 감췄지만 하늘은 아직도 잿빛이다. 또 눈이 내리려나 보다. 낮게 내려앉은 하늘을 보며 그는 지금 무엇을 할까 어김없이 그의 생각에 빠져든다. 요즘 나는 사랑에 푹 빠져 있다. 사랑에 빠져 그와 함께 하는 세상은 정말 아름답기만 하다.

세상에 공짜는 없다

2019년 4월 중순 라일락 꽃향기가 어딜 가나 바람결에 흩어질 때 외손녀가 예정일보다 열흘이나 먼저 태어나 반가운 손님처럼 우리들 곁으로 왔다.

그리고 산후 조리원을 거쳐 도우미의 도움을 받고도 딸아이가 혼자 키우는 것이 힘들어 보여 외할머니인 내가 서울로 올라가 아기 돌보는 일을 도와주었다. 그러다 서울이 너무 덥기도 하고 나도 아직은 내 개인적으로 해야 할 일도 있고 해서 겸사겸사 딸아이와 손녀를 데리고 영월로 내려왔다.

처음엔 그저 예쁘기만 해 하루 종일 아기를 돌보고, 빨래하고, 젖병 소독하고, 씻기고 재우느라 하루가 어떻게 가는 줄 몰랐다.

거기다 밤에 깨기만 하면 달려가 우유먹이고 재우는 일을 한 열흘 가까이 하다 보니 낮에도 정신이 몽롱하고 금세 있었던 일도 잊어버리는 일이 빈번해졌다. 그리고 아침에 일어나면 온통 머릿속이 백지장처럼 하얗게 비어있는 기분이 들 때도 많았다. 분명 딸아이가 분유를 바꾼다고 이 분유에는 이만큼 넣으라 말했건만 난 곧 잊어버리고 엉뚱한 우유 분량을 타서 먹이기도 했다. 아기를 키우는 일은 생각처럼 쉬운 일이 아니었다.

문득 돌아가신 어머니 생각이 났다.

친정어머니는 내가 직장생활을 하는 바람에 큰아이를 다 클 때까지 키워주셨다. 그때는 말씀을 안 하셔서 몰랐는데 어머니가 큰아이를 키우실 때도 이렇게 힘드셨겠지 생각하니 마음이 아팠다. 생각지도 않게 외손녀를 돌보게 되고서야 '어머니가 우리 아이 키우시느라 힘드셨으리라.'하는 생각이 들었다. 진즉에 알았더라면 말이라도 고맙다고 자주 해드릴 걸 하는 후회가 된다.

처음엔 아기가 너무 작아 부서질까봐 못 안겠다던 남편이 내가 힘들어 보였는지 늦은 밤은 자기가 보겠노라며 자청해서 나선다. 그러면서 자연히 남편까지 합세하여 아기를 보게 되었다. 우리 부부는 밤과 낮으로 서씨도 신씨도 아닌 외손녀를 돌보느라 정신없이 바빴다.

'어머니께서 외손자인 우리 아들 키우실 때도 이러셨구나.'하는 생각이 들며 문득 어머니께 진 빚을 어머니께 안 갚고 엉뚱하게 딸에게 갚는 기분이 들었다. 그리고 마치 하늘나라에서 '너도 한번 해봐라, 얼마나 힘든지.'하며 어머니가 놀리시는 것 만 같았다.

그러고 보면 세상에 공짜는 없다. 누구에게 도움을 받으면 그만큼 돌려줘야하는 것이 세상의 이치인가 보다.

이제 며칠 후면 아기가 서울로 돌아간다. 정말 많이 컸다. 먹이면 자고 씻기면 자고 하던 갓난아기가 이제 어르면 벙긋벙긋 웃기도 하고, 옹알이도 하고 어떤 때는 까르르 소리 내서 웃기도 한다. 정말 신기하다. 무럭무럭 탈 없이 잘 자라는 외손녀를 돌보며 제일 많이 생각난 사람은 물론 친정어머니였다. 그 힘든 일을 나대신 해주신 어머니, 외손녀를 돌보며 어머니께 이제야 고맙고 미안하다는 생각에 나도 모르게 눈물이 났다. 나이가 들어 할머니가 되고서야 어머니의 마음을 알게 되다니 옛말이 틀린 것이 없다. 이제 어머니께 효도하고 싶은데 이미 어머니는 안 계신다.

요즘 아기를 보고 있다고 하면 주변에서 누구나 말한다. 나이 들어 아기 보면 팍 늙는다고 말이다. 맞는 말인가 보다. 아기를 보면 정말 예쁜데 아기 보는 일은 생각보다 쉽지 않다. 내가 봐도 요즘 내 모습이 많이 늙었다.

하지만 오늘도 나는 이른 아침 일어나 외손녀를 보며 웃음을 짓는다. 피곤하고 힘들지만 그래도 즐겁다. 그래서 요즘 나는 기분 좋게 늙어가고 있는 중이다.

이렇게 늙을지라도 아기가 웃어주면 금세 피곤이 사라지고 행복이 별처럼 쏟아지는 걸 어쩌겠는가.

힘든 만큼 아기가 행복을 주니 세상엔 정말 공짜는 없다.

눈 오는 날

2020년 경자년 새해가 밝은지도 어느새 열흘이 훌쩍 지났다. 이번 겨울은 겨울답지 않게 매일 매일이 따스하기만 하다. 그리고 눈도 내리지 않는다. 언제 추워지려나 생각했는데 소한 대한이 지나도록 푸근한 겨울이다. 겨울이 춥지 않으니 얼마 전에는 눈 대신 추적추적 온종일 비가 내렸다.

그러더니 오늘 아침, 7시가 훌쩍 넘었는데도 좀체 날이 밝지 않는다. 밖을 내다보니 온통 시야가 뿌옇게 보여 처음엔 안개려니 했다. 그런데 알고 보니 새털 같은 눈이 하늘하늘 내리고 있었다. 안개가 아니라 낮은 구름이었고 잔잔한 바람 속에 눈이 휘날리고 있었다.

어쩐지 몸이 찌뿌둥하다 했더니 눈이 오려고 그랬나 보다. 흐린 날은 입고 있던 옷마저 무겁게 느껴질 때가 있다. 오늘 같은 날이 바로 그런 날이다

갑자기 창밖으로 제법 커진 눈발이 쏟아지는 모습이 보인다. 계

속 눈이 내린다. 그동안 눈 내림에 인색하더니 제대로 눈이 내리려나 보다.

겨우내 헐렁하고 시리던 창밖이 하염없이 내리는 눈으로 무언가 꽉 찬 느낌이다. 거실 창 앞에 앉아 있노라니 마치 커다란 병속에 앉아 밖을 내다보는 기분이 들었다. 눈 내리는 소리가 들릴 것만 같아 유리창에 귀를 기울여본다. 아무런 소리도 들리지 않는다.

눈 내리는 모습을 보고 있는 내게 문득 약속도 하지 않은 추억이 다가왔다. 내 기억 속 저 아래 잠들어 있던 그 옛날 누구도 못 말리던 마약 같던 사랑이 살짝 기지개를 켜며 일어선다.

그해 겨울은 유난히 춥고 눈도 많이 내렸다. 그날도 밤새 눈이 내렸다. 발이 쑥쑥 빠질 정도로 내렸으니 꽤나 많이 내렸던 건 분명하다. 그가 새벽까지 그 눈을 맞고 집밖에서 나오지 않는 나를 기다리며 밤을 새웠다는 것을 안 것은 눈 치우러 나가셨던 아버지가 아침을 드시며 무심코 던진 말을 듣고서였다. 그 말은 깊은 생각도 없이 내 마음을 무조건 움직였고, 나는 아버지의 반대에도 무릎 쓰고 겁도 없이 그와 평생을 함께 하기로 결심하였다. 그리고 43년이란 세월이 지났다.

지금 생각하니 그가 그날 밤 눈과 혹한을 견딜 수 있었던 것은 나에 대한 사랑보다는 어쩌면 그와 함께 밤을 새워준 우리 집 발발이 때문인지도 모른다. 하지만 나는 그래도 그것은 나에 대한 사랑

일거라고 굳게 착각하며 살고 있다.
혹시 눈이 얼마나 쌓였나 밖을 보니 간간히 바람이 불고 내리던 눈들이 다시 하늘로 솟아오른다. 채 바닥에도 닿지 못하고 다시 부상하는 눈들은 눈인지 바람인지 구분이 어렵다. 바람과 허공에서 놀고 있는 눈송이는 봄날 하염없이 떨어지는 벚 꽃잎 같기도 하고, 쭉정이 마냥 가벼워 보인다. 어째 많이 내릴 것 같았던 처음 생각과는 달리 많이 올 것 같지 않다. 자세히 보니 눈이라기보다 하늘의 숨결이 바람 타고 내려오듯 그렇게 내리고 있었다. 흩날리며 내리는 눈들은 허공에서 맴돌며 춤을 추다 간혹 유리창 안을 기웃대기도 한다.

잊고 살았던 그날의 설렘으로 나도 모르게 한참을 둥둥 떠다녔다. 인생의 강물 따라 쉼표 없이 흐르는 삶 속에 이렇게 아련한 기억은 아쉽기도 하지만 때론 기쁘기도 하고 때론 그립기도 하고 새롭기도 하다.

진종일 창밖을 서성이던 눈발이 주춤하다. 그러더니 이내 눈이 그쳤다. 발목이 푹푹 빠질 정도의 눈 속을 기대했는데 땅 위엔 눈의 흔적조차 없다. 날도 개이고 어느새 아침 내내 안 보이던 앞산이 말간 모습으로 걸어 나오고 있었다.

올 겨울 언제쯤 정말 눈다운 눈이 펑펑 소리 내며 내릴까? 예전처럼 온 세상이 하얗게 눈으로 덮인 겨울 풍경이 기다려진다.

젊은 날의 초상화

넓은 유리창 뒤, 베란다 난간에 매달려 있는 빗방울 사이로 운무가 가득한 산중턱이 보인다. 세상이 뿌연 회색에 갇혀 있다. 창밖 너머 밑그림은 늘 같지만 하루하루 초록으로 덧칠하는 세상이 참으로 신기하다. 요즘 들어 햇살 농도도 다르고 바람 냄새도 다르다. 봄이 오고 있다.

어느새 결혼한 지 43년이 지났다. 천지를 모르고 자라다 아무것도 안 보고 나만 좋다는 사람을 따라 결혼한 나는 처음 결혼생활이 그런 건 줄 몰랐다.

우린 방한 칸 얻을 여유도 없으면서 무작정 결혼식을 올렸다. 결혼 준비도 친정어머니의 도움으로 하나하나 준비했고 철없던 나의 결혼생활은 그렇게 시작되었다. 사랑이라는 이름으로 시작한 결혼생활, 친정엄마가 된 지금에 와 생각하니 참으로 막막하기 그지없다.

70년대 말 결혼식이 임박해서야 지금의 여성회관 뒤편에 방을 얻었다. 60만원인가 했던 긴 터널처럼 움푹하고 길쭉한 방 한 칸짜리 전셋집은 부엌도 없어 세를 주기 위해 급조로 주인이 방문 앞에 간신히 판자로 얼기설기 만든 공간이 바로 부엌이었다. 말이 부엌이지 바람이 늘 숭숭 들어왔고, 겨울이면 그곳에 있는 모든 것이 얼어버리곤 했다. 화장실은 뒷마당 한구석에 있는 푸세식으로 세 들어 살던 여러 가구가 함께 쓰기 때문에 불편하기 짝이 없었고, 펌프도 안마당까지 돌아가야 쓸 수 있어서 언제나 물을 길어다 놓고 써야 했는데 그 길어다 놓은 물이 겨울철 아침이면 꽝꽝 얼어 연탄집게로 두드려 깨서 쓴 기억이 생생하다. 지금도 그 시절을 생각하면 시리고 추웠던 기억으로 가득하다.

그 집에서 큰아이가 생겼고 내 배는 나날이 불러왔다. 가까이 사시던 친정아버지는 가끔 퇴근길에 들러 저녁을 먹고 있는 우리 부부를 함께 드시자 해도 마다하시며 그저 물끄러미 바라보시다 돌아가시곤 했다. 그 당시는 왜 그러시는지 몰랐다. 이제 딸아이가 결혼을 하고 나서야 알 것 같다. 걱정이었다. 부모로서의 걱정, 유난히 결혼을 반대하시던 아버지는 철없는 딸아이가 제대로 살아갈 수 있을까하는 걱정을 하셨다는 것을 이제야 안다.

그 뒤로도 전셋집을 여러 번 전전하면서 내 집이 있어야한다는 생각을 가지게 되었다. 전세기간도 정해져 있지 않았던 어수룩한 그 시절, 살다보면 집을 비어달라는 주인 말에 방을 옮겨야 했고,

그렇게 몇 차례 전셋집을 옮겨 다녔다. 그러다 독채로 얻은 전셋집에서였다. 주인은 툭하면 세 준 우리 집에 들러 참견을 하였다. 세탁기가 없던 그 시절 겨울철 젖은 빨래를 마루에 널어놓으면 물 떨어져서 마루가 상한다고 나를 불러 싫은 소리를 했고 수시로 찾아와 집주변을 둘러보았다. 주인 눈총이 이만저만이 아니었다. 나는 그곳에서 벗어나고 싶었고, 내 집이 아니어서 당한다는 생각에 빨리 돈을 모아 내 집을 마련해야겠다는 생각뿐이었다. 돈의 의미도 모르고 자랐던 나는 악착같이 돈을 모았다. 아무런 계획 없이 돈은 쓰기 위해 번다고 생각하는 남편과 빨리 집 한 채 마련해야겠다는 내 생각의 차이로 부부싸움도 곧잘 했다.

희망이 절망으로 변하는 시간이 수시로 찾아 들었고, 그제야 결혼은 무지개만이 아님을 실감하곤 했다. 그저 현실이었다. 가끔 나는 마음 붙일 곳이 없어 외로웠다. 생각지도 않게 복병처럼 찾아드는 모서리에 마음을 찔리고 아파하면서 상처투성이의 마음을 혼자 다독이는 일은 태어나 처음으로 맛 본 힘든 일이었다.

20대 젊은 아내였던 나는 신혼을 그렇게 혼자 삭이면서 보내고 있었다. 그러나 그것은 슬프다거나 고통스럽다는 감정과는 뭔가 달랐다. 또 내가 선택한 길이니 내가 헤쳐 나가야 한다는 생각뿐이었고 누구나 그냥 다 그렇게 사는 것인가 보라고 생각했다.

어찌되었건 나의 신혼은 어설프고 지금 기준으로 보면 참으로 가난했다. 그러나 되돌아보면 그때가 내 인생에 절정기였고, 가장 아름다웠던 시절이었다. 그때 나는 급속도로 철이 들었고, 많이 성숙했고 속도 깊어졌다. 그 시절이 나를 단단하게 만드는데 큰 몫을 했다. 지금의 나로 성장할 수 있었던 보석 같은 기간이었다. 돈을 주고도 살 수 없는 경험들 때문이 아니라 뭐니 뭐니 해도 돌아가고 싶어도 돌아갈 수 없는 그때의 서로를 향한 사랑과 열정 때문이 아닌가 하는 생각이 든다. 겨울이 추워야 송백이 시들지 않는다는 말이 있다. 시련이 있어야 단단해진다는 말일 것이다.

결혼한 지 십 년이 가까워서야 작지만 내 집을 마련하게 되었고 혼자되신 시아버님이 외아들인 남편을 찾아 우리 집으로 오셨고, 뒤늦게 작은 아이도 낳았다. 정신없이 살았다는 표현이 맞는 말이다. 그렇게 세월이 흘렀다.

모시던 시아버님도 저 세상으로 떠나시고, 아이들도 모두 자라 자신들의 가정을 꾸리며 우리 곁을 떠났다. 나도 평생을 받쳐온 직장을 떠나 집으로 돌아왔다. 이제 편하게 지내겠구나 하고 거울을 보니 얼굴엔 온통 주름진 내가 있었다. 초로의 낯선 내가 서 있었다. 주름 가득한 얼굴을 보며 예전에 내가 아님에 놀랐다.

시간은 흐르는 물이고, 세월은 저 혼자 쌓이는 산이라더니 참으로 빠르다. 지금 돌아보니 그래도 초라했지만 나의 신혼은 철없어 더 눈부시고 아름다웠고 그때의 사랑과 열정으로 지금이 있지 않나 싶다. 이제는 영원히 어린왕자처럼 살고 싶어 하는 남편과 서로 의지하며 지혜롭게 나이 들어가는 공부를 시작해야하는 때가 아닌가 싶다.

젊은 날의 초상화는 시리고 어설펐지만 그래도 푸르른 젊음과 열정이 있어 행복했고, 지금은 노년의 편안함과 열정보다 더 진하고 끈끈한 정이 있어 한없이 행복하다면 이것이 바로 인생이 아니겠는가?

창밖엔 어느새 봄비가 먼지처럼 공기 속을 부유하고 있는 4월의 아침이다.

세상 사는 법

얼마 전 딸아이 집에 갔을 때였다.

그냥 가만히 있어도 덥고 조금만 움직여도 온몸에 땀이 주르륵 흐르는 무더운 날 점심을 무얼 할까 생각하다 딸아이가 사다놓은 시판용 비빔국수를 만들었다.

요즘 한창 유명 개그맨이 광고해서 인기리에 판매되는 제품이고, 딸아이가 해먹어보니 맛도 있더라고 했다. 하여 나도 만들어보니 만들어 보니 조리 과정이 아주 간단했다. 나는 국수를 좋아하는 것은 아니지만 워낙에 남편이 좋아하는 음식이라 예전부터 가끔 만들어주곤 했다. 내가 만드는 것에 비하면 이 비빔국수는 그냥 국수 삶아서 함께 동봉되어 있는 액체양념을 부어 비벼 주면 끝이었다. 날씨 더운 날 만들어주기엔 딱이었다. 맛을 보니 국수를 그다지 좋아하지 않는 내 입맛에도 그 정도면 훌륭했다.

그러나 한 그릇 뚝딱 먹고 난 남편이 하는 말…….

"당신이 만든 국수보다 맛없어. 당신이 만든 비빔국수가 최고야."

속으로 난 '나보고 직접 해달라는 거야 뭐야?'라며 좋아해야할지 싫어해야할지 잠시 혼란스러웠지만 솔직히 기분 나쁘지는 않았다.

그걸 알하고 돌아온 딸아이에게 말하니 딸아이는 빙그레 웃으며 "아빠가 세상사는 법을 좀 아는데?"했다.

몇 년 전 한창 인기 있던 〈아버지가 이상해〉라는 드라마를 보는데 그곳에서 노부부가 부부학교를 다니며 받아온 과제 중 남편과 아내의 장점을 7가지씩 써오라는 장면을 보며 옆에서 함께 드라마를 보던 남편에게 내 장점 7가지를 말해 달라고 했다.

이 말끝에 남편이 조금의 망설임도 없이 말했다.

"첫 번째, 예쁘다."

"두 번째, 교양 있다."

"세 번째, 똑똑하다."

"네 번째, 말을 잘한다."라나?

순간 놀라 "정말이야?"라고 물으니 정말이란다.

분명 바보가 아닌 이상 이것이 나의 장점이 아니라는 것을 뻔히 알면서도 유치하게도 금세 기분이 좋아졌다.

남편이 나를 이렇듯 좋게 생각하다니……. 그동안 드라마를 볼 때면 흐름 끊긴다고 말도 못 걸게 하며, 꼼짝도 안은 채 드라마에만 집중하던 나는 남편이 말하지도 않았는데 슬그머니 일어나 냉장고 안에서 시원한 토마토 하나를 꺼내 남편이 좋아하는 설탕을 듬뿍 뿌려 가져다주었다. 다른 때는 몇 번을 먹고 싶다 말해야 해주던 것을 말이다.

이걸 딸아이에게 말하면 또 딸아이는 웃으며 "아빠가 세상사는 법을 안다니까?"라고 말했을 것이다.

오늘 아침, 잠자리에서 일어나니 남편이 하는 말, 꿈에서 장모님을 봤단다. 꿈도 거의 꾸지 않던 남편이 꿈속에서 엄마를 만났다니 반가워 물었다.

"엄마가 어땠어? 젊으셔?"

"응, 예전 모습 그대로셨어."

"엄마랑 무얼 했어?"

"당신은 어딜 갔는지 없고 장인도 계셨고 집안일을 도와주던 강릉 아주머니도 있었어. 그리고 큰아이인지 작은아이도 있었고……."

"그래서?"

그런데 결론은 꿈속에서 처가에서 머리 감았는데 목욕탕 지저분하게 해놓았다고 장모님께 혼났단다.

살아계실 적 워낙 깔끔하셨던 엄마는 매사 털털해서 샤워나 머리를 감으면 언제나 목욕탕을 전쟁터를 방불케 만들어놓는 남편을 혼내시곤 했었다. 이십 년이 넘게 함께 생활하던 시간이 많았던 터라 사위인 남편을 엄마는 조금도 어려워하지 않으시고 아들보다 더 편하게 생각하시고 이것저것 야단도 많이 치셨다.

그런데 꿈속에서 조차 또 혼났나 보다. 그 소릴 듣고 좀 미안해 하는 내게 남편은 말한다.

"장모님이 뭐라 하셨던 것 난 다 괜찮았어. 난 나중에 죽어 하늘나라 가면 장모님 모시고 살 거야."라고…….

2대 독자 외아들이고 그가 얼마나 시어머니를 못 잊어하고 사랑하는지 잘 알고 있었지만 우리 엄마를 그렇게까지 생각하고 있는 남편 때문에 순간 울컥했다.

그래서 오늘 아침에는 계란 프라이를 두 개나 해주었다.

이것도 딸아이가 알면 크게 웃으며 분명히 "아빠가 정말 세상사는 법을 잘 안다니까?"라고 말할 것이다.

그러고 보니 혹시 나의 장점은 그 어떤 것도 아닌 순진하다가 아닐까?

하여간 남편은 60이 넘어서야 비로소 세상사는 법을 조금씩 깨우쳐 가고 있는 중임은 분명하다.

인생 소나타

오래전 일이다.

는개비 내리는 아침, 눈길 닿는 곳마다 아른아른 녹빛이 온통 아우성이다. 이제 겨울 끝자락 유난히 내리던 눈 풍경이 아득한 그리움으로 남고, 곧 얼었던 언어들까지 녹아 쏟아져 내리는 봄이 올 것이다.

아침햇살을 받아 반짝이는 가는 빗줄기가 코너를 돌며 그렁그렁 난간 어깨에 걸리고, 창밖 어디선가 이른 봄의 소리가 들리는 듯하다.

딸아이가 인기 있는 연극이라며 서울에 머물던 나를 대학로 공연장으로 이끌었다. 연극 제목은 〈콜라 소녀〉, 아무런 생각 없이 따라나서서 한 시간 넘게 숨을 죽이고 연극을 관람했다. 인기 있다는 것을 보여주듯이 작은 공연장 안은 빈자리 하나 없이 꽉 차 있었다.

〈콜라 소녀〉의 내용은 홀로 된 어머니를 모시고 살고 있는 큰 아들의 환갑을 맞이하여 다른 두 아들네 가족들이 한자리에 모이면서 이야기가 시작된다. 오랜만에 만나는 반가움과 각자 자신들의 형편과 삶을 이야기 하면서 오해와 갈등, 그리고 원망과 사랑이 쌓이고 풀어짐을 반복하는 내용이다. 갈등과 사랑이 반복되는 연극의 전개는 그들이 가족이기에 벌어질 수 있는 것으로 관객들에게 연민과 따스함을 동시에 가져다주었다. 큰 아들의 육십갑자를 한 바퀴 돌아 다시 태어난다는 환갑의 인생에서 그 삶을 빼곡히 채워 만들어 나가는 하루하루를 '가족'이라는 끈으로 함께 만들어 나가고 있었다.

그 연극을 내게 보여준 딸아이는 별다른 말은 없었어도 분명 내 환갑을 염두에 둔 듯 했다. 육십갑자를 한 바퀴 돌아 다시 태어난다는 환갑의 일생, 뒤돌아보니 정말 세월이 많이도 흘렀다.

어느새 내가 육십갑자를 한 바퀴 돌아 다시 태어나게 되었는가?

갓 결혼하여 아이들을 낳고 정신없이 키우며 혼자되신 시아버님을 모시고 살던 일들이 바로 어제의 일만 같은데 나도 이제 꼼짝없는 환갑노인이 되었다. 그러고 보니 정말 결혼이란 사랑하는 사람과의 생활만이 아니거늘, 그동안 남편가족과 내 가족 간의 일도 많았다. 가족이라는 이름으로 거미줄처럼 얽혀 만나면 반갑고 즐겁지만 때로는 사소한 오해로 남보다도 못한 것 같은 서운함에 원망하며 밤잠 설친 날도 있었다. 얼마나 어리석은 생각을 가졌던가?

생각해보면 소소한 세파에 흔들릴 때마다 가장 먼저 달려와 큰 우산 펼쳐들고 다독여준 것도 바로 가족이었다. 가족이란 뫼비우스의 띠처럼 연결되어 끊으려야 끊을 수 없는 사랑의 틀이거늘 왜 젊은 날 그리도 쉽게 서운해 하고 귀찮아하기까지 했었던가? 그렇게 가족이기에 서운했다가도 금세 풀리기를 반복했던 젊은 날의 삶이 주마등처럼 스쳐갔다.

문득 친정아버지 친정어머니의 환갑 때 모습이 너무 연로해지신 것 같아 안타까워하며, 더 이상 환갑이 지나면 행복한 일도 없을 것만 같았던 그때가 떠오른다. 그때는 몰랐다. 내게도 오늘이 올 지를…….

막상 환갑을 맞이하는 올해, 분명 내 아들 딸 그리고 며늘아이는 부모가 이제 연로해졌다고 안타까워할는지도 모른다.

하지만 요즘 그렇게 생각한다는 것은 분명 잘못된 생각이다. 시대는 변하고 어느덧 100세 시대로 접어든지 오래다. 환갑은 이미 예전의 환갑이 아니다. 자위인지 모르지만 요즘의 환갑은 청춘이다. 또 행복도 마음먹기에 달렸다.

늘 '정말 중요한 것은 눈에 보이지 않기 때문에 오로지 마음으로 보아야 잘 보인다.'는 어린왕자 속 여우의 말처럼 겉으로 보이는 것만이 다가 아니라는 것을 나는 알고 있다. 오히려 더 하고 싶은 일도 많고 가고 싶은 곳도 많다. 그래서 누군가 환갑이 제 2의 인생이 시작되는 시기라 했는지도 모른다.

세월이라는 물결 따라 흐르는 것이 인생이고, 이를 뛰어 넘을 수 없는 것이 삶이거늘 이제 조용히 육십갑자를 한 바퀴 돌아 다시 태어난다는 환갑을 맞이하여 앞으로 내게 펼쳐질 제 2의 인생을 계획해봐야겠다는 생각이 든다.

이슬 같고 꿈같은 세월, 안개를 걷고 진종일 내리 쬐던 햇살이 마른 입술로 길게 숨을 내쉬는 해질 무렵, 문득 하루 속에도 인생이 있구나 하는 생각이 들며 육십갑자를 한 바퀴 돈 환갑의 나는 바싹 마른 입술로 지는 해를 보며 긴 호흡을 한다.

2부
그리움과 눈물

어머니와 말뚝

엄청나게 덩치가 큰 코끼리가 서커스단에서 쇼가 끝나면 늘 천막 뒤편의 작은 말뚝에 묶인 채 가만히 있었다. 자신이 조금만 힘을 써도 금방 뽑힐 것 같은 말뚝에 매여 전혀 도망갈 생각을 하지 않고 말이다.

왜 그럴까?

그 코끼리는 태어나자마자 엄마코끼리와 함께 서커스 공연장을 따라 다녀야했다. 물론 처음에는 아프리카의 다른 아기코끼리들처럼 마음대로 뛰어놀며 자랐지만 그것은 잠시뿐이었다. 어느 날부터인가 서커스단에서는 작은 말뚝을 땅에 박고 아기코끼리를 묶어 놓았던 것이다. 처음에 아기코끼리는 그렇게 묶여 있는 것이 몹시 답답하고 말뚝을 벗어나 마음껏 뛰어놀고 싶은 마음이 간절했지만 쇠말뚝을 뽑아버릴 힘이 없었다. 그곳을 벗어나려고 하면 할수록 더욱 더 단단한 쇠말뚝에 묶이게 되었고, 끝내 그곳을 벗어날 수 없었다. 그리하여 점점 말뚝에 묶여 지내는 생활에 길들여졌다. 결국 코끼리는 자유롭고 싶다는 마음을 접었고, 어른이 된 뒤에도 말뚝 곁을 떠나지 못한 채 살아갈 수밖에 없었다.

이 글을 읽으며 어머니 생각이 났다. 어머니는 평생 가족과 자식들을 위해서만 사신 분이었다. 한 번도 친구들과 어울려 놀러 다니신 적도 없고, 자신이 하고 싶은 것을 마음대로 하신 적도 없다.

어머니도 처음에는 친구도 만나고 싶으셨을 것이고, 무언가를 하고 싶으신 일도 많으셨을 것이다. 그러나 자식이라는 말뚝에 묶여 모든 것을 체념하고 오직 한평생 자식만 위해 사셨다. 우리가 다 자란 후에는 자유롭게 나가실 수 있었지만 어느새 그 생활에 길들여지신 어머니는 오직 자식들 생각으로 집안에서만 생활하셨다.

마치 코끼리와 말뚝처럼 시간이 흘러서도 스스로 만든 자식이라는 말뚝을 벗어나지 못하셨던 어머니…….

동물 중 가장 크고 힘이 센 코끼리가 서커스단 말뚝에 묶여 살아온 세월로, 말뚝 뽑는 것을 스스로 포기하며 살아갔듯이 자유롭게 훨훨 자신을 위해 살아도 되는 순간까지도 자식들 주변을 떠나지 못하고 사셨던 어머니였다. 지금 생각하니 어머니의 인생이 가여워 눈물이 난다.

얼마 전 TV에서"만약에 엄마가 내 자식으로 태어난다면"이라는 주제를 두고 말을 나누는 토크 프로그램을 보았다.

중년여자 출연자들은 자기에게 말의 기회가 주어지면 엄마라는 말을 함과 동시에 눈물부터 흘렸고 다른 출연자들은 그 모습만 보고도 눈물을 훔쳤다.

그걸 보며 누구에게나 떠올리면 눈물이 먼저 마중나오는 단어가 바로 엄마가 아닌가 싶다.

한 출연자는 어릴 적 엄마가 자식 뒷바라지에 지쳐 늘 아프신 모습만 봐서 딸로 태어나면 열심히 운동시키고 영양식을 해먹여 절대 아프지 않고 건강하게 살도록 키우겠다고 했고, 여배우 출신 중년 출연자는 자신이 돈을 많이 벌어도 자식이 고생하고 벌어온 돈이라고 평생 돈 아끼고 고생만 하신 어머니가 딸로 태어나면 생각 않고 돈을 펑펑 쓰는 딸로 키우겠다고 했다.

또 어느 출연자는 자식을 위해 모든 것을 절제하고 사시다 결국 치매로 돌아가신 엄마가 자식으로 태어나면 하고 싶은 일 무엇이든지 마음대로 하고 사는 날라리로 키우겠다고 했고, 마지막으로 마무리를 하던 여성 진행자는 무심한 아버지에게 사랑받지 못한 어머니가 딸로 태어나면 다른 사람 생각 않고 자기만 아는 도도한 공주처럼 키우겠다고 했다. 그러면서 날라리에 공주가 사는 이 세상은 어떻게 되겠냐고 하며 출연자도 관중도 함께 웃고 프로그램을 마쳤다.

문득 나도 돌아가신 어머니를 생각했다. 정말 엄마가 내 딸로 태어난다면 난 그 딸을 어떻게 키울까?

어머니가 내 딸로 다시 내 곁에 오신다는 생각만으로도 가슴이 벅차고 행복했다. 엄마는 가난한 집에 시집오셔서 죽만 끓여 드시고 사셨다는데 우리에게는 늘 맛난 음식을 해먹이려고 애쓰셨고, 음식을 사주시기보다는 늘 직접 만들어주셨다. 그러다 보니 자연히 요리에 관심이 많으셨고 요리 프로그램을 즐겨 보셨다. 그리곤 언제나 TV에 나오는 요리를 그대로가 아닌 더 새롭게 만드셔서 우리가 맛나게 먹는 것을 보며 즐거워하셨다.

난 어머니가 내 딸로 태어나면 요리 공부를 시키고 유학도 보내 세계적인 요리연구가로 키우고 싶다. 그래서 언제나 훨훨 날아 어디든지 가서 요리 공부도 하고, 새로운 요리도 개발하는 멋진 딸로 키우고 싶다.

정말 우리나라 어머니들은 자식을 위해 평생 헌신하고 희생하신 분들이다. 지금의 잘 사는 대한민국도 바로 우리들의 어머니 힘이라 하지 않던가?

어머니, 엄마…….

말뚝이 없는 하늘나라에서도 자식들 걱정하실 우리 엄마, 하나님이 골고루 사랑을 나눠주시지 못해 대신 보내신 분 엄마.

그분이 돌아가신 봄날, 유난히 보고 싶고 생각이나 아지랑이 피는 창밖을 내다보며 거실을 몇 번이나 서성이고 있다.

엄마네 집

엄마네 집 앞뜰에서 한참을 서성이다 돌아왔다. 새벽부터 바람이 키 큰 포플러나무 이파리를 흔들어대더니 길을 나서는데 가랑비가 요란스레 창을 때렸다.

전날 밤, 엄마를 만났다. 좋아하시던 꽃무늬 원피스를 입고 계셨다. 너무 반가워 달려가 안았는데 따뜻하고 포근한 그 느낌……. 꿈이었다. 눈을 떴는데도 그대로 엄마의 체온이 느껴졌다. 손녀보다 더 작던 엄마의 모습, 풀꽃보다 더 향기롭던 엄마의 향기가 코끝에서 되살아났다.

갑자기 쏟아지는 비로 돌아설까 망설이다 찾아간 엄마네 집 앞뜰에는 놀랍게도 가을 햇살이 눈부시게 모여 있었다. 이제 막 익어 벌어지는 밤송이 끝마다 별이 반짝이고, 바다처럼 넉넉한 콩밭에는 방아깨비가 겁도 없이 겅중겅중 뛰고 있었다.

어느새 큰 아이가 초록빛으로 웃자란 어머니의 머리칼을 쓰다듬으며 두런두런 말을 걸고, 간절한 것은 통증이 있는 법, 난 미어지는 마음을 숨기느라 한참을 아팠다. 기다림으로 먼 신작로를 내다보고 계셨을 어머니. 당신이 심어 놓고 떠난 봉숭아에 꽃은 다시 피어났는데……. 올해도 손톱 끝에 당신과 함께 했던 기억을 묶으려 하는데……. 어머니의 눈길로 무뎌진 구릉 넘어 돌아서는 길, 어머니는 늘 그곳에 계시지…….

저녁노을처럼 밀려오는 그리움을 난 다시 통증으로 견뎌야만 했다.

엄마가 돌아가신지 어느새 10년이 넘었다. 오랫동안 불러본 적 없는 엄마라는 단어는 아무리 지우려야 지워지지 않는 그림자로, 무엇으로도 내 마음에서 삭제될 수 없는 단어로 늘 내안에 있다. 그렇게 내안에 단단히 저장되어 있는 엄마는 늘 넘치는 그리움이다.

이제 꽃잎처럼 아름답고 달콤하기만 하던 엄마라는 단어는 서럽도록 목이 메는 단어가 되어버렸다. 살아가면서 가장 낯익었던 단어, 비록 불리지 않아도 영원히 낯설어지지 않을 단어, '엄마……. 어머니…….'

이상하게도 나이가 들수록 엄마, 어머니에 대한 그리움은 커져만 간다.

해거름을 털며 일어서는 엄마의 뜨락에서 가만히 '엄마'라고 불러본다.

엄마라는 말은 그저 불러 보는 것만으로도 왜 그리 먹먹하고 애잔한 걸까?

엄마가 없는 세상은 늦은 밤 바람 부는 골목길을 걷는 것보다도, 아무도 없는 들판에 혼자 서 있는 것보다도 훨씬 더 허허롭고 쓸쓸하다는 걸 저 멀리 계시는 엄마는 알고 계실까?

아버지, 나의 아버지

무서운 추위였다. 강물마저 꽁꽁 얼어붙었다. 지금의 추위는 추위도 아니었다. 손발이 갈라지고 말 그대로 부는 바람이 얼굴을 스치면 얼굴이 에이는 그런 추위였다.

그때 함께 피난 가던 작은 형님을 잃어버리고 형님을 찾아 헤매던 아버지는 혼자 밤을 맞이하게 되었다. 그 추운 겨울에 어디든지 추위를 피하지 않으면 얼어 죽을 판이었다. 하는 수 없이 아버지는 길가에 대문도 없는 허름한 집 방문을 두드렸다. 문을 열어준 방안에는 젊은 부부가 저녁을 먹고 있었다. 아버지의 눈에는 방안 장롱 옆 다듬잇돌이 놓인 좁은 공간이 빠르게 들어왔다. 그 공간을 가리키며 아버지는 애원을 했다. 그 자리에서 하룻밤만 재워달라고 말이다. 처음에는 당황하던 젊은 부부는 아버지가 너무 애절해보였든지 들어오라고 했다. 들어오라는 말에 아버지는 염치도 없이 방안으로 들어갔다. 들어가자마자 다듬잇돌이 놓인 그 좁은 공간에 몸을 새우처럼 꼬부리고 앉았다. 처음엔 말없이 밥만 먹던 젊은 부부는 잠시 후 밥을 같이 먹자고 했다. 굳이 괜찮다 해도 저녁밥을 권했고 온종일 굶은 아버지는 그날 처음 밥다운 밥을 한 술 뜨셨다. 그리곤 놀랍게도 다듬잇돌 위에서 하룻밤 묵겠다는 아버지께 아랫목에 이불까지 깔아주었다.

누구나 할 것 없이 가진 것 없고 먹을 것 없던 그때 생각지도 못했던 젊은 부부의 호의로 아버지는 추운 겨울밤을 버티셨고 다음 날 잃어버린 형님도 찾으셨다.

그때는 전쟁이 한창이던 6.25동란 때였다.

그 젊은 부부가 아니었다면 아버지는 전쟁 통 엄동설한에 어떻게 되셨을까? 그 젊은 부부는 아버지가 떠나신 후 펑하고 사라지는 천사가 아니었을까?

겨울만 되면 하고 또 하셨던 아버지의 이야기다.

"아범아……. 이제 나와도 된다. 나와. 어디 있냐? 나와도 된다고. 그놈들 갔어. 갔다구……."

집안을 향해 할아버지는 애타게 아버지를 부르셨다. 그래도 아버지는 어디에서도 나오지 않았다.

부들부들 떨며 아버지를 부르는 할아버지의 목소리는 빈집에 공허하게 울렸다. 그 순간은 가족만 피난을 보내고 홀로 집을 지키던 할아버지에게 비록 짧은 시간이었지만 얼마나 길게 느껴지고 무섭고 힘든 시간이었을까?

한참만에야 부엌 한 켠 높이 쌓아놓은 땔감 나뭇단 속에서 사색이 되신 아버지가 나오셨다. 얼마나 놀랐는지 아버지는 제대로 걸어 나오지 못하셨다.

때는 6.25전쟁의 막바지의 시기였다. 후퇴하는 인민군들이 북으로 이동하면서 다친 인민군들을 이동 시키고, 전장(戰場)에서의 보급품 조달을 위해 부역꾼 즉 짐꾼이 필요하던 때였다. 후퇴하는 길에 전국각지에서 무작위로 징집해갔지만 이동 중에도 눈에 띄는 젊은 남자들은 무조건 끌고 가던 그런 때였다.

할아버지 동네를 거쳐 이동하던 인민군들에게 멀리서 아버지가 눈에 띄었나 보다. 피난 갔던 가족들과 따로 있었던 아버지는 먼저 집에 돌아와 있었다. 바로 젊은 아버지를 보자마자 총을 들고 두 명이 달려왔다. 놀란 아버지는 부엌으로 들어가 숨을 곳을 찾았다.

급한 대로 부엌 아궁이로 들어가려하니 어깨가 들어가질 않았다. 뒤뜰로 나가봐도 뾰족한 수가 없다 생각한 아버지는 다시 부엌으로 돌아와 부엌 한켠에 쌓아놓은 커다란 잔가지 나뭇단을 무작정 두 손을 넣어 벌리고 그 속으로 들어가 앉았다. 얼마나 심장이 뛰던지 아버지의 쿵쾅거리는 심장소리는 나뭇단을 뚫고 밖에까지 들릴 것만 같았다.

잠시 후 총을 든 인민군들이 들이닥쳤고 혈안이 된 그들은 온 집안을 쑤시고 다녔다. 아궁이 속을 샅샅이 뒤진 것은 말할 것도 없었다.

할아버지 말로는 어딘가 있을 텐데 쥐새끼처럼 숨어버렸다고 심한 욕을 하며 그들은 후퇴하는 대열이 멀어지자 더 이상 지체하지 못하고 그 자리를 떠났다고 했다. 아버지의 운명과 한가정의 운명이 바뀔 수도 있는 긴박한 순간이었다. 그 숨 막히는 위기에서 아버지의 생각은 아버지를 지키고 한 가정을 지켰다. 그때 끌려갔더라면 다시는 돌아오지 못하셨을 수도 있다. 그 절박했던 순간의 공포는 트라우마가 되어 오래오래 아버지의 뇌리에서 지워지지 않았다.

그 이야기는 모든 것을 잊으시고 깜박깜박하실 때도 생생하게 기억하시고 생생하게 이야기하셨다.

아버지는 1923년 1월 9일(음력) 강원도 원주시 소초면 둔둔리에서 태어나셨다.

그리고 2018년 10월 6일 경기도 성남시 분당의 한 요양원에서 97세의 연세로 돌아가셨다.

아버지는 원주에서도 한참 떨어진 시골 가난한 농부의 8남매 중 넷째 아들로 태어나셨다. 어려운 집에서는 아버지도 형님들과 함께 농사짓기를 바라셨겠지만 아버지는 공부에 대한 미련을 버리지 못하시고 일제 강점기에 춘천 사범학교에 입학하여 유학(遊學)을 떠나셨다. 춘천사범학교 입학시험 당시 우리 때 하던 체력장 같은 시험을 치르셔야했는데 그러지 않아도 뜀뛰기를 잘 못하셨던 아버지는 혼자 바지저고리에 고무신을 신고 운동장을 뛰셨단다. 펄럭이는 한복바지와 벗겨지는 고무신으로 당연 꼴찌였지만 학업성적이 워낙 뛰어나게 우수하여 일본학생들을 제치고 좋은 성적으로 입학하셨다.

그렇게 아버지의 춘천 생활은 시작되었고 그때 만난 분이 바로 어머니시다. 학교까지 머슴이 데려다주고 데려올 정도로 부유한 어머니 집에 가정교사로 들어가셨다가 성실하신 아버지는 외할아버지 눈에 들어 엄마를 아내로 맞이하게 되셨다.

그렇게 사범학교를 졸업하고 아내를 맞이하여 고향인 속초로 돌아와 교사생활을 시작한 아버지는 일찍 관리자가 되셔서 오랫동안 교직 관리자로 일하셨다.

3남매를 전쟁 통에 잃으신 아버지는 전쟁 후 얻은 4남매를 정말 애지중지하셨다. 아버지는 엄격하셨지만 더없이 따뜻하셨다. 우리 집은 언제나 포근했고 봄날 같았다. 유난히 사이가 좋으셨던 어머니가 80대 중반에 먼저 떠나시고 10년 이상을 혼자 지내셨다. 생각지도 못하셨을 어머니의 부재와 외로움은 명석하시기로 이름났던 아버지의 기억을 조금씩 빼앗아 가버렸다.

하나 둘 놓아버린 아버지의 시간들은 아무리 모아서 채워드리고 채워드려도 여전히 원점이 되어버리곤 했다. 아버지는 어느새 90이 훌쩍 넘어 100세를 향하고 있었다.

그 중 끝까지 붙들고 계시던 아버지의 기억 중 몇 가지가 6.25때의 기억이었다.

돌아가시기 한 달 전 자식들을 언뜻 못 알아보실 때도 아버지는 어김없이 전쟁이야기를 하셨다. 그만큼 전쟁은 아버지 삶에서 가장 충격적인 일이 아니었나 싶다.

코로나로 온 세상이 정지된 올겨울은 유난히 춥다. 마음도 얼어붙고 강도 꽁꽁 얼어붙었다. 성에 낀 유리창에 아버지가 말갛게 웃고 계신다.

뒷모습

사월이 되자 앞다투어 꽃들이 피어나기 시작하더니 며칠간 내린 비로 등불처럼 환하게 피어있던 벚꽃이 분분히 떨어지고 어느새 후줄근한 뒷모습을 보이고 있다.

햇살 쏟아지는 오후에 도로 가득 하얗게 떨어진 꽃잎이 서럽다. 이렇듯 어떤 것이든 뒷모습은 괜히 짠하다.

특히 사람의 뒷모습이 마음 아프도록 짠할 때가 있다. 살아가면서 뒷모습이 앞모습보다 더 많은 표정을 담고 있다는 것은 나이가 들고서야 알았다. 흔히 '사람들의 생각은 얼굴 표정을 보면서 알 수 있다.'고 하지만 요즘엔 등에도 표정이 있다는 걸 절실하게 느낀다.

어머니가 돌아가시고 혼자 계신 아버지 댁엘 갔다 집으로 돌아올 때면 아버지께서는 한 번도 빠짐없이 아파트 아래 입구까지 배웅하러 따라 나오셨다. 추울 때나 더울 때나 비가 오거나 눈이 올 때도…….

나무들이 뚝뚝 잎을 떨구던 깊은 가을날, 우리 차가 모서리를 돌아 갈 때까지 손을 흔들어주시던 아버지……. 아버지가 돌아서서 아파트로 들어서시는데 그 뒷모습이 무어라 표현할 수 없이 쓸쓸해 보여 눈물이 왈칵 쏟아진 적이 있다.

사람의 뒷모습이 이렇게 마음 아프고 눈물 나게 할 줄이야.

그 뒤 세월이 지나 건강이 나빠지신 아버지를 요양원에 모셨다. 아버지를 뵈러 간 주말이었다. 엘리베이터에서 내리자 바로 앞 휴게실에서 여러 사람과 함께 TV 앞에 앉아계시는 아버지의 뒷모습을 보였다. 순간 마음 속 깊은 곳에서 무언가 툭 내려앉으며 가슴이 아리고 먹먹해졌다.

처진 어깨로 휠체어에 앉아계시는 아버지의 뒷모습은 외로움 그 자체였다. 가슴 아팠다. 침묵하고 계시지만 아버지의 뒷모습에는 분명 표정이 있었다. 그건 쓸쓸함과 외로움이었다.

분명 사람의 뒷모습에는 표정이 있다. 어쩌면 앞모습보다 더 많은 표정을 갖고 있는지도 모르겠다. 외로운 사람의 뒷모습은 영락없이 외롭고, 행복한 사람의 뒷모습은 분명히 행복하다.

사월이 봄꽃들을 내려놓고 그 끝을 향해 걸어가고 있는 오늘, 봄날은 가슴 설레게 와서는 결국은 서러운 뒷모습을 보이며 잦아든다. 가슴 설레며 아버지를 만나러 왔다가 아버지의 뒷모습에 마음 아프게 돌아서는 나처럼 말이다.

잊혀지지 않는 그날

아버지가 요양원으로 가시던 날은 단풍이 곱게 물든 10월이었다. 차창 밖으로 가을 햇살이 홍등을 걸어놓은 듯 붉어진 가로수 나뭇잎 사이로 숨바꼭질을 하는 오후였다. 나는 아버지를 모시고 요양원으로 향하고 있었다.

병원에 입원하신 후 극도로 쇠약해진 아버지는 약간의 치매증상을 보이시며 간병인 아주머니를 미워하시고 심지어 경찰서에 신고해 달라는 애매한 소리를 자주 하셨다. 아버지는 그런 분이 아니었다. 아주 점잖으시고 남에게 싫은 소리 전혀 안하시고 배려심이 많고 누구에게나 친절하신 분이었다.

그뿐만 아니라 아버지는 끊임없이 이불에 있지도 않은 티끌을 모아 버리라며 내게 주셨고, 아무것도 없는 허공인데도, 아버지 눈에는 무언가 보이시는지 하염없이 위를 올려다보며 새끼줄을 엮는 흉내를 내셨다. 열심히 새끼줄을 엮으시는 흉내를 내시다 너무 올라가 있다 생각되시면 짜증을 내며 "좀 내려"라고 소리를 치곤했다.

지금도 궁금하다. 우리에겐 보이지 않고 아버지에게만 보이는 끈을 내려준 사람은 과연 누구였는지가…….

그렇게 나날이 증상이 심해지시자 병원에서는 더 이상 치료할 것이 없다며 요양원으로 모시라고 언질을 주었고, 어쩔 수없이 큰 동생과 작은 동생은 서울 주변에 아버지가 계시기 편한 요양원을 꼼꼼하게 살펴 정하였다. 바로 그 요양원으로 아버지와 함께 가고 있었다.

남동생들 모두 직장에 나가니 올케 둘과 내가 요양원으로 모시고 가게 되었다. 올케들은 나보고 아버지께 요양원으로 가시게 되었다고 미리 말씀드리라 했지만 퇴원하면 고향 집으로 돌아가시는 줄 아시는 분께 차마 내 입으로 그 말씀을 드릴 수가 없었다. 어쩌면 나는 내심 요양원을 그저 다른 병원으로 아시기만을 바랐는지도 모르겠다.

요양원에 도착해 평소 잘 아는 동생네 운전기사분이 차에서 내려드리려 하니 심하게 경계를 하시며 싫다하셔서, 내가 안아 휠체어로 옮기는데 내 품에 안긴 아버지의 몸이 너무 가벼워 가슴 아팠다.

직원이 안내해주는 방으로 모시고 갔다. 침대에 옮겨 옷을 갈아입으시라고 하자 갑자기 아버지는 불같이 화를 내시며 침대 옆에 놓여있는 쓰레기통을 발로 차셨다.

난 살면서 아버지가 그렇게 분노하시고 그런 행동을 하시는 모습은 본 적이 없다. 그곳 직원 분들도 놀라고 뒤따라 들어오신 요양원원장님께서도 안정시켜드리고자 아버지 성함을 물으니 적대감이 가득 찬 눈빛으로 서류에 있을 텐데 왜 묻냐고 쏘아 붙이셨다.

약간의 치매증상도 있으시고 병원처럼 비슷한 분위기라 그저 병원을 옮겼나보다 라고 아실 줄 알았던 내 생각은 잘못된 생각이었다. 아버지는 용케도 요양원인걸 알아채셨고 아버지의 화난 모습과 분노에 찬 목소리는 날카롭게 날아와 비수처럼 내 가슴에 박혔다. 올케들과 난 어쩔 줄 몰라 서있기만 했다. 그렇게 한바탕 소란을 피우시던 아버지는 잠시 후 마음을 가라 앉히셨는지 순순히 간병인의 도움으로 옷을 갈아입으시고 침대에 누우셨다.

보호자는 그만 가라는 말에 아버지께 다가가 손을 잡아드렸다. 혼자 마음을 삭히고 비우신 아버지는 언제 소동을 부렸냐는 듯이 온화한 눈빛과 편안한 얼굴로 내 손을 맞잡으셨다.

아무 일도 없었다는 듯 나를 한참 보시더니 희미하게 웃으시며 "담에 언니랑 같이 와"하시는데 그만 참고 있던 눈물이 쏟아졌다. 화장실로 달려가 소리죽여 얼마나 울었는지 모른다. 가슴이 뻐근하고 목줄이 찢어지는 것만 같았다. 자식에게 아니 나에게 배신당했다고 느끼셨을 아버지께 죽을 만큼 죄송했다.

그렇게 아버지는 요양원으로 가셨다. 그날 이후 정말 많이 괴로웠다. 자다가도 벌떡 일어나 멍하니 앉아 있기 일쑤였다. 아버지의 분노에 찼던 목소리가 귓가에 맴돌았다. 그날의 기억은 늘 그림자처럼 나를 따라 다녔고 마음은 돌을 얹은 듯 무거웠다.

그래도 낯선 손길에 이끌려 하루를 보내시는 아버지는 다행스럽게 잘 적응하셨고 그곳에 계시고 부터는 허공에 대고 새끼줄을 엮는 이상한 행동도 하지 않으셨고 식사도 아주 잘하셨다. 그리고 예전의 점잖으시고 온화한 아버지로 돌아와 있었다.

아버지는 그곳에서 5년이란 시간을 보내시고, 97세가 되던 초가을, 비가 억수로 쏟아지는 날 바람처럼 떠나셨다.

지금도 그날이 생각난다. 누룩 다지듯 꾹꾹 밟아보지만 가끔 불쑥 튀어 오르는 그날의 기억이 아직도 생생하다. 생각해보면 아버지는 그날 매우 섭섭했지만, 자식이었기 때문에 용서하시지 않았나 싶다.

한 움큼 몰려온 찬바람이 뒤틀어진 창틀 방충망을 심하게 흔들어대고 있다. 쓸쓸해진 마음에 찬바람이 가득하다. 오늘은 바로 대한이 놀러 갔다가 얼어 죽었다는 소한이었다.

아버지의 눈빛

아침에 일어나니 창틀에 조르륵 물방울이 매달려 있다. 밤새 비가 온 모양이다. 아직도 비가 오나 해서 창문을 열었다. 이른 아침 비에 젖은 바람이 마치 맑은 시냇물처럼 방안으로 흘러들어 왔다.

가을인가 보다. 매년 더해지는 더위로 올여름도 숨 막히도록 더웠다. 계속되는 폭염과 열대야로 여름내 약을 잘못 먹은 듯 속이 메스껍고 온종일 머리가 텅 빈 듯 어지러웠다. 그렇게 끝나지 않을 것 같던 여름이 처서가 지나자 한순간 사그라지고 아파트 뒷산에서 들려오는 풀벌레 소리가 밤마다 애잔하다.

그러고 보면 보내지 않아도 가고 기다리지 않아도 오는 것이 계절인가 보다.

이렇게 시작되는 가을은 별일 없어도 왠지 싱숭생숭한 계절이다. 그런데 며칠 전 막내 동생으로부터 받은 연락은 나를 하루 종일 안절부절하게 만들었다. 그동안 요양원에는 계셨지만 건강하시게 잘 계시던 아버지가 폐렴증상이 있으셔서 큰 병원 응급실로 모시고 간다고 연락을 해왔다. 일이 있어 다음 날 가기로 하고 집에 있는데 모든 일이 손에 잡히지 않는다. 내가 이렇게 불안해하는 이유는 어머니도 실은 폐렴으로 돌아가셨기 때문이다.

잠도 설치고 다음 날 아버지를 뵈러 언니와 형부랑 병원으로 향했다. 우리가 도착할 때쯤 아버지는 주무시고 계셨다. 내가 손을 잡으니 눈을 뜨신다. 갑자기 혼잣말로 참모총장이 어쩌고 또 소대가 어쩌고 도대체 알 수 없는 말씀을 하셨다. 그래서 우릴 알아보나 해서 내가 누구냐 물으니 바로 '혜영이…….'라고 하신다. 그런데 바로 옆 언니와 형부는 못 알아보시고 딴 소리를 하시다 잠시 후 알아보시며 눈물이 난다고 하셨다. 그것도 잠시 또 줄 곧 군대 이야기만 하신다.

이상한 일이었다. 내가 알기론 군에 계신 건 6.25때 사무 봐주느라 군대에 계신 것 밖에는 없는 걸로 알고 있는데 왜 계속 군대 이야기만 하실까? 어찌 보면 지금을 전쟁 중으로 아시는 것 같기도 했다.

한참 후 우릴 보고 어디서 자냐고 물으신다. 우리가 어디서 자는지 걱정하시는 걸 보니 이제 정신이 맑아지셨나 보다 해서 내심 반가워 바로 아들네도 있고 딸네도 있으니 거기서 잘 거라고 걱정 마시라 했다. 그 말에 아버지는 숙소 배정을 받았냐고 하신다. 다시 전쟁터다.

현실과 과거를 오락가락하시는 아버지, 나도 따라 기쁨과 실망을 몇 번씩이나 오락가락해야만 했다. 아버지가 정신이 맑으셔서 우리도 잘 알아보시고 현실을 파악하시나 보다 하면 금세 전쟁 이야기로 돌아가시는 아버지로 마치 천국와 지옥을 오고 가는 것만 같았다.

아버지는 올해로 아흔 일곱이시다.

그렇게 과거와 현실을 혼돈하시는 중에서도 아버지는 보조 침대에 나란히 앉아 있는 우리를 번갈아 둘러보시며 행복해 하셨다. 순간 아픔도 잊고 희미하게 웃으시는 아버지 얼굴에는 외로움이 그림자처럼 스쳐가고 있었다. 웃고 계시지만 눈빛은 공허했다. 어쩌면 아버지는 우리 4남매가 다 보고 싶어 이렇게 한자리에 모이게 하려고 아프신 건 아닐까 하는 생각에 울컥했다. 텅 빈 아버지의 눈빛이 가슴 아팠다.

매사에 분별력이 있으시고 당당하시던 아버지, 그저 곁에 계시는 것만으로도 든든하여 힘이 되어주셨던 아버지, 그 그늘이 한없이 아늑하고 따뜻했던 아버지.

어느새 이렇게 연세가 드신 걸까? 그래서 세월을 무상하다 하는 걸까?

과거와 현실을 오락가락하시면서도 그렇게 우릴 보고 아이처럼 좋아하시던 아버지는 한참 후 힘드신지 가라고 손짓하시며 침대에 누우신다. 곧 바로 주무시겠다는 아버지를 보고 우리는 병실을 나왔다.

마음 가득 걱정을 담고 영월로 돌아오는 차창밖에는 어느새 높아진 푸른 하늘에 하얀 구름이 만개한 벚꽃처럼 뭉텅이로 피어오르고 있었다. 눈이 시렸다. 하늘이 너무 푸르러서인지 아버지 생각 때문인지 나도 모르게 눈물이 났다.

내 삶의 이정표인 아버지…….

다시 건강하셔서 예전처럼 우리 곁에 그렇게 산처럼 머물러 계셨으면 얼마나 좋을까?

그리움 그리고 달빛

아버지가 떠나신지 벌써 1년이 지났다. 아낌없이 속을 비워낸 갈대들이 찬비에 젖어 흔들리던 가을 날 아버지는 홀연히 떠나셨다.

지금도 아버지가 계시던 분당에 가면 아버지를 뵐 수 있을 것만 같다. 돌아가셨다는 것이 실감이 나지 않을 때가 많다.

12년 전에 돌아가신 어머니도, 작년에 떠나신 아버지도 내게는 똑같은 그리움이지만 이상하게 작년에 가신 아버지가 더 마음에 걸려 많이 힘들었다. 아버지 생각에 자꾸만 눈물이 나 한참을 한 줄의 글조차 쓸 수 없었다.

어머니가 떠나시고 무척 외로우셨을 아버지의 외로움이 그대로 내게 전해져 괴로웠다. 어머니 안 계신 긴 긴 세월 얼마나 외로우셨을까? 또 말 못할 고충은 얼마나 많으셨을까? 외로움도 고충도 그저 혼자 묵묵히 삭히셨을 아버지를 생각하면 마음이 아프다.

늦가을 달빛이 참으로 곱다. 잠자리에 들려고 방에 들어서니 잠들지 못하는 수척한 별들이 작은 창으로 나를 물끄러미 내려다보고 저만치 방 끝머리까지 흘러 들어온 윤슬이 아름답다. 달빛에 이끌려 창밖 하늘을 본다. 환하게 떠있는 보름달 속으로 온화한 아버지 얼굴이 오버랩 되었다.

"아버지, 잘 계시죠? 아버지 떠나신지 어느새 1년이 지났어요. 그곳에서는 안 아프시고 편안하시죠? 많이 보고 싶으셨을 어머니 만나 좋으시리라 믿어요.

어머니 안 계신 긴 시간 동안 아버지 많이 외롭고 힘드셨을 텐데 아버지 마음 헤아려드리지 못해서 죄송했어요. 이제 그 힘들고 고단함 모두 내려놓으시고 어머니와 함께 편히 쉬세요.

아버지 사랑해요……."

살아계실 때 한 번도 못했던 사랑한다는 말로 끝맺음을 하고 방 안 가득 흐르는 달빛에 마음 말갛게 씻고 잠자리에 들었다.

"아버지, 오늘은 어떻게 지내셨어요?

요즘 전 세계가 코로나라는 바이러스로 몸살을 앓고 있어요. 얼마나 짜증나는 일인지 몰라요. 제가 살아오면서 처음 겪어보는 우울한 사태네요. 그래도 아버지 살아계실 때 한 번도 이런 일 겪지 않으셨던 것이 정말 다행이에요.

아버지, 늘 불안한 이 상황에서 우리 가족 지켜 주실거죠? 빨리 이 사태가 끝나도록 하늘나라에서 도와주세요.

아버지 오늘도 편하게 주무세요……. 내일 또 올게요……."

그저 은은한 빛남으로 답해 주시는 아버지를 보며 불안한 마음을 위로 받는다. 살아계실 때도 나는 아버지와 이야기 나누기를 좋아했다. 엄격하셨지만 한없이 자상하시고 따뜻한 분이 바로 아버지셨다.

요즘 가을이 깊어지면서 달빛도 더 또렷해졌다.

"아버지! 가을이 깊어지니 더 더욱 아버지가 보고 싶어요.

유독 떠오르는 아버지 모습에 눈물이 나네요.

아주 오래전 일인데 아버지 기억하세요? 남편 직장에 좀 힘든 일이 생겼을 때 뉴스만 보시고 놀라 연락도 없이 그 먼 길 버스타고 달려오셔서 남편이 괜찮은지 직접 눈으로 확인하시고야 맘 놓고 돌아가시던 아버지…….

유독 그날은 바람이 심하게 불던 늦가을이라 교무실로 들어서는 아버지 머리카락이 많이 흐트러져 있었다는 말을 전해 듣고 가슴이 뭉클했지요. 바람 부는 오늘은 더 더욱 아버지 생각이 나서 눈물이 납니다.

자식 걱정되어 한걸음에 달려오신 아버지……. 아버지, 고마웠어요. 그때 바로 고맙다는 말씀도 못 드렸네요. 그렇게 부족한 자식 걱정해주시던 아버지는 늘 제 삶의 희망이자 등불이셨지요.

아버지, 저는 언제나 아버지가 저의 아버지여서 자랑스러웠고, 또 제가 아버지 딸이어서 행복했어요.

지금도 내가 외롭고 힘들 때마다 달빛으로 찾아오시는 아버지,

고마워요. 그리고 사랑합니다."

오늘도 달빛 청아한 창가에 서서 환하게 내려다 봐 주시는 아버지를 바라보며 주절주절 살아계실 때 못 다한 이야기를 펼친다. 내 방에는 고맙게도 밤마다 달빛이 강물처럼 흘러 들어와 나와 함께 해주신다. 텅텅 빈 가슴을 가득 채워주는 달빛이 손등 위로 내려앉는다. 문득 돌아가시기 전 잡았던 아버지의 메마른 손의 온기가 되살아나듯 내 손등 위가 따뜻해진다.

언제부터인가 나는 좋은 일도 안 좋은 일도 늘 달을 보고 이야기 한다. 그동안 밤마다 마음 한구석 덜컹거려 잠 못 들고 휘청거리곤 했는데 그건 바로 아버지께 못다 한 말 때문이었나 보다. 이제 매일 달님이 되신 아버지를 보고 이야기하니 마음이 많이 편안해졌다. 아버지는 이제 그 어디에도 안계시지만 어쩌면 그 어느 곳에건 늘 나와 함께 하시는지도 모르겠다.

오랜만에 컴퓨터 앞에 앉았다. 모처럼 아버지가 내려준 달빛 가슴에 안고 아버지 이야기를 써보려고 한다.

기억은 버리기 위해 생겨났다는데 날이 갈수록 더욱 선명해지는 아버지에 대한 기억들이 아버지 손을 잡듯 허공으로 내민 내 손안 가득하다.

고요한 적막을 깨고 비단처럼 방안 가득 흐르는 달빛 속으로 덜그럭 덜그럭 밤기차가 지나가고 있다.

3부
남기고 싶은 이야기

추억

추억 하나

나는 죽이나 끓인 밥을 싫어한다. 아무리 전복죽이니 잣죽이니 하는 고급 죽이라 할지라도 솔직히 싫다. 그건 아마 어릴 적 물리도록 먹은 끓인 밥 때문이리라.

긴긴 겨울 내내 어머니는 점심때마다 아침에 먹다 남은 찬밥을 푹푹 끓여주셨다. 반찬은 언제나 김장 김치 속에 함께 넣은 커다란 무쪽이었다. 정말 많이도 먹었다. 그래서인지 나는 지금까지 죽도 싫고 끓인 밥은 더 더욱 싫다. 하지만 가끔 끓인 밥을 해보고 싶은 이유는 그 속에 추억이 깃들어져 있기 때문이 아닌가 싶다.

추억 둘

그리 입맛이 까다롭지 않은 나는 국수를 싫어한다. 아마 기억으로는 라면이 막 시판될 무렵, 그 당시 돈으로 10원인가 20원밖에 안하는 라면을 어머니께서는 식구 수대로 사신 적이 한 번도 없었다. 늘 라면 한 개에 두루마리 국수 한 다발을 넣고 라면인지 국수인지 정체모를 음식을 어머니는 우리에게 한 그릇씩 퍼주시곤 하셨다. 그 맛은 입에 착착 붙는 기름진 라면 맛도, 그렇다고 구수한 국수 맛도 아닌 조금 느끼하고 밍밍한 알 수 없는 그런 맛이었던 기억이다. 하여간 나는 어떤 국수도 별로라 생각하지만 가끔 밤참으로 라면을 끓이다 보면 솔직히 국수도 함께 넣어 끓이고 싶은 충동이 일 때가 있다. 그것도 아마 지나간 것에 대한 아련한 그리움 때문이다.

추억 셋

예전 우리가 살던 집으로 들어가는 골목어귀에 국숫집이 있었다. 가끔 그 앞을 지나다 보면 예전 국숫집 생각이 난다. 지금은 큰 건물이 들어섰지만 옛날 그 자리는 신작로보다 몇 뼘 이상 터가 낮은 국숫집이었다. 학교에서 돌아오는 시간이면 국숫집 앞에는 국수가 면발대로 반 꺾여 흰 빨래처럼 줄줄이 걸려 바람에 흔들리고 있었다. 지금 생각하니 오전 중 국수틀로 뽑아낸 젖은 국수를 말리기 위해서였던 것 같다. 그러나 이미 지금은 어디서도 볼 수 없는 잊혀진 풍경이 되어버렸다.

밥보다 국수를 더 많이 먹던 시절, 그 당시 국수는 쌀이나 라면보다 훨씬 값싸서 누구나 쉽게 살 수 있었던 것이 분명하다.

추억 넷

늦은 밤, 옛 동료들과 순댓국에 술 한 잔하려고 순댓국밥집엘 갔다. 식당 안, 마루를 거쳐 방으로 들어가 자리에 앉으니 바로 앞 방문이 나무 창살로 된 방문이었다. 나무 창살 위에는 뽀얀 창호지가 팽팽하게 발라져 있었다. 바로 어릴 적 우리네 방문 그 창호지 문이었다.

문득 소슬바람에도 파르르 떨던 창호지 사이에 누워있던 국화꽃잎도 코스모스 잎사귀도 빨간 단풍잎도 생각났다. 어머니 손에 의해 납작하게 미이라가 되어 얇은 창호지 사이에 누어있던 꽃잎들이 한순간 눈앞에 나타나고, 밖을 내다보기 위해 화투장 크기 두 개만한 유리조각을 방문 손잡이 곁에 붙여 놓았던 창호지 방문이 선연히 눈앞에 그려졌다 홀연히 사라졌다.

창호지 바른 문이 있다는 것만으로 그 식당이 좋게 느껴지던 밤이었다.

추억 다섯

아무리 보일러 온도를 높이고 시간 간격을 줄여도 춥기는 매한가지인 느낌이다.

지구 온난화로 겨울날씨도 겨울답지 않게 따뜻함에도 난 늘 춥다는 소리를 입에 달고 지낸다. 그건 몸으로 느끼는 체온이 아니라 마음의 온도가 낮아서인지도 모르겠다. 보일러 온도를 높이고 높여도 내 마음의 온도는 좀체 오르지 못하나 보다.

어릴 적 겨울, 잠을 자고 아침에 일어나면 방안에서도 아버지의 자리끼로 떠다놓았던 물에 살얼음이 얼어 있고 윗목에 놓여있던 걸레는 동태처럼 빳빳하게 얼어있던 기억이 났다.

그때는 도대체 어찌 살았을까 갑자기 의문이 가며, 예전보다 넉넉함에 고마움을 잊고 사는 내 자신이 부끄러워 얼굴이 붉혀진다.

추억 여섯

밖에 나가서 노는 일보다 컴퓨터를 즐긴다는 조카를 보며 그 아이 아빠 어릴 적이 생각났다. 동생은 여름이건 겨울이건 노는 날이면 방안에 없었다. 해가 져도 돌아오지 않는 동생을 찾아오는 일은 늘 내 몫이었다. 이 골목 저 골목을 찾으려고 돌다보면 어김없이 햇볕이 드는 따스한 담장 아래 친구들과 모여앉아 딱지치기를 하거나 구슬치기를 하는 동생을 만날 수 있었다. 언제나 내 눈에 띌 때는 딱지치기 구슬치기에서 동생이 열세에 몰려 잃고 있을 때가 많았다. 그때마다 난 마치 내가 딱지치기를 하는 양 가슴을 조이며 역전되기만을 기다리고 동생 옆에 쪼그리고 앉아있어야 했다.

유난히 게임에 약한 동생은 거의 이긴 적이 드물었고, 구슬을 잃고 딱지를 잃고는 집에 돌아와 시무룩하니 앉아있거나, 두 다리 뻗고 앉아서 우는 날이 많았다.

그 게임을 지켜보고 있는 일은 가슴을 콩닥거리게 하는 일이었고, 숨소리조차 내기 힘든 일이었다. 그렇게 가슴 졸이며 지켜보고 있다가 우연히 동생이 이기고 따기 시작하면 나는 행여 다시 잃을세라 앞뒤 가리지 않고 용기를 내어 어머니가 저녁 먹으라고 데려오라하셨다며 반강제로 일으켜 세워 집으로 데려오곤 했다.

그건 잃고 집에 돌아와 울지나 않을까 하는 걱정도 있었지만 그저 동생을 향한 끈끈한 나만의 동생사랑법이기도 했던 것 같다. 그 시절 햇볕에 그을린 까만 동생의 얼굴을 떠올리니 입가에 미소가 번진다.

투명하고 작은 둥근 유리 안에 알록달록한 팔랑개비가 돌 듯 색색의 빛깔이 돌고 있는 예쁜 구슬들이 가득 담겨있던 동생의 구슬 상자와 머리 뾰족한 아톰과 은하철도999 그림이 조악하고 현란한 딱지 상자가 어느 날 어떻게 어디로 갔는지 문득 궁금해진다.

추억 일곱

모처럼 호청을 빨아 분무기를 뿌리며 다리미질을 했다. 다리미질을 하다 문득 어머니의 다듬잇돌과 나무방망이가 떠올랐다.

이불호청을 뜯어 빠시는 날에는 넓은 대청마루에 뒤꼍으로 향해 나있는 나무 쪽문을 열어놓고 사랑방 귀퉁이에 놓여있던 다듬잇돌과 나무 방망이를 내다 놓으셨다. 분이 나도록 하얗게 빨은 면 호청은 온종일 높이 받쳐 든 바지랑대 줄에 널려 커다란 깃발처럼 바람에 천천히 휘적이곤 했다. 그렇게 말려진 호청을 걷어 들인 어머니는 사기사발에 물 한 사발 떠다 놓으시곤 이불호청을 넓게 펼쳐 놓고 입분무질을 시작하셨다. 물 한 입 담아 푸우푸우 내뿜으시면 지금 분무기보다도 훨씬 더 고운 물 분자들이 어머니의 입에서 쏟아져 나와 빳빳이 마른 호청위에 분분히 흩어져 골고루 내려앉았다. 그렇게 노곳노곳하게 호청에 물을 먹이시고는 다듬잇돌을 어머니 무릎 앞에 바짝 당겨 놓으시고 정갈하게 앉으셔서 비장한 몸짓으로 나무 방망이로 다듬이질을 시작하셨다. 그 방망이 소리는 어찌나 높낮이가 알맞고 고른지 옆에 앉아 구경하던 나를 스르르 잠들게 만들곤 했다.

나직나직 고르게 우리 집 담장을 넘던 어머니의 다듬이방망이소리, 지금의 다리미질보다 더 반듯하고 빤빤하게 이불호청을 만들어 놓으시던 어머니의 손길, 어머니의 입에서 멀리멀리 뿌려지던 안개 같은 미세한 물방울들은 신기하기 그지없어 어머니 따라 입에 물을 물고 푸푸거리다 애꿎게 물배만 불렀던 기억이다.

아직도 열심히 열심히 입 분무 질을 하시던 어머니의 야무진 입술과 어머니 곁에 떠다 놓은 흰 사기 사발이 눈에 선하다.

지금도 가끔 다리미질을 하다보면 그 대청마루가, 그 다듬잇돌이,

또 나무 방망이가 이유 없이 떠올라 어머니도 함께 보고 싶고 그리워지곤 한다.

이렇게 추억은 아름다운 것뿐만 아니라 때로는 가난하고, 어렵고, 버겁던 삶의 순간들조차도 찬란한 기억으로 떠올려 얄프레 봄이 오는 길목에서 나를 돌아보게 하고 잠시 노곤한 행복에 잠기게 한다.

내 어릴 적

내가 어릴 적 초등학교 입학 전 유년시절, 긴 겨울이 지나고 유난히 햇살이 좋은 봄날이면 어머니는 겨우내 덮었던 이불홑청 모두 뜯어 나를 앞세우고 봉천내 빨래터에 가셨다. 그곳에는 잿물로 빨래를 삶아 주는 곳도 있었는데 빨래를 빠신 후에는 꼭 그곳에서 돈을 주고 삶으셔서 다시 빠셨다. 다시 빠실 때에는 빨래 방망이로 있는 힘껏 두드려 빠시던 어머니의 모습이 기억나고, 다 빤 이불홑청은 넓은 갯가에 눈부시게 널어놓으시던 기억이 있다.

어머니가 빨래를 하시는 동안 나는 고무신으로 피라미도 잡고 소금쟁이도 잡았다 놓아주며 혼자 놀던 어린 시절이 있었다.

요즘 아이들은 잿물이 무엇인지 모르고, 피라미도 소금쟁이도 알아보지 못하며 이런 이야기를 들려주면 "왜 세탁기에 안 빨고 강가에서 빨래해?"하며 의아해할 것이 분명하다.

내가 어릴 적 초등학교 저학년 시절, 학교에서 일찍 돌아온 날 어쩌다 낮잠에 깊이 빠져 있을 때 학교에 늦었다고 흔들어 깨우시는 어머니의 목소리에 놀라 잠이 덜 깬 채로 책가방 메고 학교로 달려갔던 기억이 있다. 그때 텅 빈 운동장과 텅 빈 교실을 보고서야 어머니께서 날 놀리셨다는 것을 알고 한참동안 운동장가 시소 위에 앉아 지는 해를 바라보다 터덜터덜 집으로 돌아오던 어린 시절이 있었다.

요즘 아이들은 학교에서 돌아와 한잠 잘 시간도 없고, 깨워줄 엄마도 퇴근해야만 집으로 돌아온다. 엄마가 돌아올 때까지 미술학원이니 피아노학원이니 이리저리 뛰어다니다 보면 어느 때는 엄마보다도 더 늦게 집으로 돌아온다. 시소 위에 앉아 지는 해를 바라보고 꿈을 키울 시간조차 없다.

내가 어릴 적 초등학교 고학년 시절, 점심시간이면 학교에서 도시락을 못 싸오는 학생들을 위해 어디서부터 온 지도 모르는 옥수수가루로 죽도 쑤어 나눠주고 빵도 쪄 나눠준 기억이 있다. 그때 나는 왜 그리도 그 죽과 빵이 먹고 싶었던지 그것을 먹는 친구와 곧잘 내 도시락을 바꿔 먹고 하던 어린 시절이 있었다.

요즘 아이들은 도시락 싸간다는 의미도 잘 모르고 영양이 골고루 들어가게 식단에 의해 만들어진 천편일률적인 학교 급식을 먹으며 학교 시절을 보내고 있다. 지금도 나는 가끔 어릴 적 그리도 맛있었던 옥수수 빵을 먹고 싶어 제과점에서 옥수수 빵이라는 이름의 빵을 사다 먹는다. 먹으면서 맛있다고 딸에게도 먹어 보라 하면 엄마 입맛은 희한하다고 타박하며 피자가 훨씬 맛있다고 말한다.

내 어릴 적 비오는 날, 나는 툇마루 끝에 걸터앉아 이제 막 비가 오기 시작해 온 마당에 알싸하게 퍼지는 흙냄새를 맡길 좋아했고, 흙마당에 크고 작은 원을 그리며 떨어지는 빗줄기를 바라보길 좋아하던 기억이 있다. 그리고 괜스레 호박잎 하나 머리에 쓰고 온 동네를 비 맞으며 뛰어다니던 어린 시절이 있었다. 지금은 비 내리는 모습을 내다볼라치면 아파트가 높아 현기증이 나고, 어딜 가나 흙마당은 구경하기 힘들고 온갖 회색의 시멘트 세상이다. 비가 와도 아이가 산성비를 맞고 잘못될까봐 꼭꼭 우산을 챙겨주는 현실이 있을 뿐이다.

내가 어릴 적 겨울, 머리 감는 날은 어쩌다 따뜻한 물이 나에게도 돌아올 수 있는 일주일에 어느 하루 장소는 늘 커다란 마당 한가운데 있는 펌프 주변이었다. 영하의 한겨울 빨래비누로 머리를 감고 일어서면 금세 머리카락이 얼어버리고 물 묻은 손으로 둥근 쇠 방문 고리를 잡으면 손이 문고리에 달라붙고 하던 어린 시절이 있었다.

요즘 아이들은 거의 매일 저녁 향기 좋은 샴푸로 머리를 감고 부드러운 바디샴푸로 샤워를 하며 그래도 환경이 오염되고 물이 오염된다고 배웠다며 무얼 내신 써야 좋을 지를 걱정하고 심각해하며 어린 시절을 보내고 있다.

내가 어릴 적 어쩌다 떡을 하거나 별난 음식을 하는 날, 그날은 우리 식구가 충분히 먹을 양도 아니면서 그릇에 푸짐히 담아 집집마다 어머니 심부름을 다니던 기억이 있다. 우리는 많이 먹지도 못하는데 왜 이웃에 모두 나누어주어야 하는지 묻지도 않은 채 으레 그렇게 해야 한다 생각하던 어린 시절이 있었다. 지금은 이웃이 무엇을 하는지도 모르고 누가 살고 있는지도 모르고 지내는 일이 허다하다. 그저 말만 이웃일 뿐이다.

나는 가끔 내 어릴 시절을 떠올리곤 한다. 이유는 그때가 좋다고 생각하기 때문이다.

옛것이 좋다고 생각되는 것은 내가 그만큼 나이가 많이 들었다는 것이겠지만 나는 정말 옛날이 좋다. 내 어릴 적 우리 가족도 이웃도 모두 가난했다. 하지만 마음은 늘 풍요로웠고 행복했고 앞으로의 꿈이 있었다.

그때는 직장 나가시는 어머니도 드물었고, 힘겹게 몇 개씩 뛰어다녀야 할 학원도 없었고, 산성비니 환경오염이니 하는 걱정은 더더욱 없었다.

그리고 제일 중요한 것은 모든 것을 함께 나누었다는 것이다. 기쁨이건 슬픔이건 나는 지금도 모든 아이들이 그런 곳에서 자랐으면 좋겠다. 가난해도 마음만은 풍요롭고 콩 한 쪽이라도 나눌 수 있는 그런 사회에서…….

모두가 힘들다는 요즘 모든 것이 다시 옛날의 모습으로 돌아가고 있다는데 제발 인간의 마음부터 그곳으로 먼저 돌아가 주었으면 하는 바람이다.

유년시절의 겨울

내 어린 시절 겨울은 동생들과 함께 거의 시골 큰댁에서 살았다. 도시에서만 생활하던 나는 방학만 되면 제일 먼저 달려간 곳은 큰댁이었고, 그것은 나의 큰 기쁨 중에 하나였다.

"큰엄마! 저 왔어요."하고 소리치며 들어서는 큰댁은 늘 문간부터 무언가 어지럽게 널려져 쌓여 있었다. 나는 그 어수선함이 좋았다. 그리고 삐걱 소리 나는 나무 대문을 들어서는 순간부터 훈훈함은 애태우던 그리움처럼 내 가슴으로 밀려오곤 하였다. 갑자기 나타난 나를 큰어머니는 언제나 크게 반기셨다. 보자마자 거친 손으로 덥석 내 손을 잡으셨고, 구석진 곳마다 먼지가 책 두께만큼 쌓여있는 썰렁한 큰 대청마루를 지나 안방으로 이끄셨다. 방안으로 들어서면 언제나 내 눈에 제일 먼저 들어오는 것은 맞은 편 벽 위의 큰 액사였다. 틀 안에 색 바랜 작은 사진들이 다닥다닥 붙어 있는…….

가슴에 손수건을 달고 수줍게 웃고 있는 사촌의 초등학교 입학 사진부터 어디인지 모르지만 햇살에 얼굴을 찡그리고 부동자세로

서 계신 큰아버지, 배경이 촌스럽기만 한 시골 사진관 의자에 어색하게 무릎 위에 두 손을 모으고 앉아 계신 큰어머니, 사촌 오빠의 전통 혼례식 사진 등, 누렇게 바랜 사진은 군데군데 색이 떨어져나간 검은 틀 속에서 먼지와 함께 언제나 세월 속으로 흐르고 있었다.

큰어머니는 계속 내 손을 놓지 않으시고 이불이 깔려 있는 시커멓게 탄 아랫목에 끌어당겨 앉히셨다. 이불 속에 다리를 묻고 앉으면 흘러내리지도 않은 이불을 연신 덮어 주시며 집 소식을 물으시곤 했다. 큰어머니와 이것저것 이야기하고 있노라면 어떻게 알고는 동네 친척또래들이 하나둘 큰집으로 모여들었다. 우리는 그들에 이끌려 얼음을 지치러 들로 나섰고, 오후의 빈 들판에는 쌩쌩 바람이 불고, 먼저 놀고 있는 아이들의 콧등과 뺨은 추위에 빨갛게 얼어 있었다.

사촌들은 손님대접으로 자기들의 썰매를 언제나 우리에게 먼저 내어주곤 했다. 괜스레 괜찮다고 거절해보곤 우리는 금세 썰매 위에 앉았다. 사촌들은 우리 등 뒤를 밀어주고 어줍게 썰매를 타던 우리는 곧 신나게 달렸다. 넓지도 않은 밭에서 우리는 해지는 줄도 모르고 썰매 탔다.

해가 지고 큰아버지께서 소여물을 끓이실 시간쯤에서야 우리는 큰댁으로 돌아오곤 했다. 큰아버지께서 소여물 끓이시는 불을 대신 지피고 싶어서이기도 했다. 우리가 들어서면 영락없이 큰아버지께서는 대문 옆 사랑방 아궁이에서 불을 지피시고 계셨다. 낮에 옆 마을로 마실 나가셨던 큰아버지를 그때서야 보고 인사를 드리곤 우리는 옹기종기 아궁이 앞에 앉는다. "큰아버지 저희들이 할게요."하는 우리말에 큰아버지께서는 "불장난하면 오줌 싼다."라고 하시면서도 우리에게 슬그머니 자리를 내주셨다. 우리는 얼음지치기로 언 몸도 녹일 겸 열심히 불을 지폈다. 불꽃은 혀를 내밀며 잘도 탔고, 대문 밖으로는 지나는 바람소리가 컸던 기억이다. 추운 시골의 밤은 언제나 그렇게 시작되곤 하였다.

이튿날, 잠 없는 큰어머니께서는 동트기 전 일어나셔서 불을 지피셨다. 밤새 식었던 아랫목은 발을 디딜 수 없을 정도로 절절 끓기 시작하고, 나와 동생은 괜스레 일찍 일어나 바람 숭숭 드는 커다란 부엌에 들어가 큰어머니 주변에서 서성거렸다. 또 불을 지피고 싶어서였다. 눈치 챈 큰어머니께서는 우리에게 불을 지필 수 있게 자리를 내주셨고, 우리는 또 나란히 불 앞에 앉아 불을 지폈다. 불이 사그라지다가도 넓은 부엌 옆에 높이 쌓여있는 삭정이를 넣으면 불길은 다시 붉은 혀를 내밀며 타올랐다. 불길 위로 장작을 서로 엇갈려 걸쳐놓으면 장작은 '탁 탁' 소리를 냈고, 우리는 장작에 완전히 불이 붙은 것을 보고서야 자리에서 일어섰다. 부뚜막에는 커다란 솥이 여러 개 걸려 있었는데 소여물과 아침 세숫물과 아침밥을 짓는 솥들이었다. 물이 데워지면 우리는 그 물로 세수를 하고 또 얼음판으로 직행을 하였다. 온종일 얼음을 지치다 시들해지면 우리는 떼를 지어 이 산 저 산을 오빠들을 앞세우고 돌고 돌았다. 그러다 추워지면 빈 밭에 불을 지펴 불을 쬐었다.

그러던 어느 날, 우리가 놓은 불길은 쌓아 놓은 콩 낟가리에 옮겨 붙었고, 나는 그렇게 멋지게 타는 불꽃을 처음 보았다. 어찌나 황홀하던지. 로마제국 때 시를 쓰기 위해 로마를 불태웠던 네로의 심정이 이러했을까? 동네 어른들이 불꽃을 보고 달려오고 물론 큰아버지께 오빠들이 혼쭐이 났음은 물론이다. 며칠 동안 우리는 그 속에 알맞게 잘 익은 콩을 찾아 맛있게 먹었던 기억이다.

저녁이 되면 큰어머니께서 화로를 윗목에 들여놓으셨다. 그리곤 화로 속에 고구마를 넣어주셨고, 우리는 밤늦도록 이야기꽃을 피우다가 늦은 밤 잘 구워진 고구마를 꺼내 먹었다. 그것도 모자라 화롯불 위에 냄비를 올려놓고 김치광에서 금세 꺼내 온 김치를 썰어 넣고 들기름을 듬뿍 넣어 김치볶음밥을 해 먹으면 그렇게 맛이 있을 수가 없었다. 그리곤 입가심으로 다시 호롱불을 들고 김치광 옆에 땅속 깊이 묻어 두었던 무를 꺼내 왔다. 가을에 묻어 둔대로 싱싱한 무를 바가지에 꺼내다 부엌칼로 써억써억 까먹으면 지금의 배보다도 몇 배는 더 맛있었다.

그렇게 놀다 집으로 돌아오면 늘 다시 큰댁으로 돌아가고 싶었다. 그렇게 늘 돌아가고 싶은 마음으로 어느새 어른이 되었다.

얼마 전, 마침 큰댁에 볼일이 있어 설레는 마음으로 다시 가보니 이미 큰댁은 옛날의 큰댁이 아니었다. 바람이 숭숭 들었지만 왠지 푸근했던 부엌은 어느새 실내에 들어와 있었고, 좋은 오븐에 대형 냉장고에 옛날의 그 모습은 전혀 없었고, 지금 내가 살고 있는 아파트보다 모든 것의 시설이 훨씬 더 좋았다.

우리가 가면 늘 잠을 자던 중간 채에서 창밖을 내다본다. 울타리 가에 나란히 서 있던 개봉숭아나무, 앵두나무는 그때 그대로이다. 활짝 핀 봉숭아꽃이 바람에 흔들린다. 나무 아래 우물도 여전히 샘처럼 솟아나고 있다. 세월은 흘러도 변하지 않은 것은 자연이다.

문득 올려다본 하늘 위에는 소년이었던 사촌오빠들과 언니와 동생들의 모습이 구름과 함께 슬라이드처럼 천천히 흘러가고 있다.

두 남자 이야기

며칠 전, 저녁을 먹으며 무심코 쳐다본 남편을 보고 깜짝 놀랐다. 남편의 얼굴에서 생각지도 않던 아버님의 모습을 보았기 때문이다. 아니 오래 전 돌아가신 아버님의 얼굴과 너무 똑같았기 때문이다. 그러고 보니 남편의 나이는 어느새 처음 내가 아버님을 뵈었을 때의 나이보다 훨씬 많아졌다.

내가 지금까지 살아오면서 가장 오래 함께 했던 남자들은 당연 아버님과 남편이다. 남편은 어느새 43년 간, 아버님은 어머니께서 돌아가시고 함께 살았으니 13년 이상을 하루와 같이 얼굴을 맞대고 살아온 셈이다.

내가 아는 두 남자는 외모뿐 만 아니라 성격도 똑같았다. 그러나 이상하게도 그들은 서로가 똑같이 닮았다는 것을 인정하기 싫어했다.

두 남자는 만나면 곱게 말해도 될 일을 괜스레 툴툴거렸고, 늘 서로를 못마땅해 하는 것 같았다. 그렇게 둘 사이는 안 좋아보였고 어찌 보면 서로를 미워하는 것처럼 보이기도 했다.

그러나 아버님이 돌아가시고 난 후에야 나는 두 남자의 진심을 정확하게 알게 되었다. 사실 그들은 서로를 너무도 사랑하고 소중하게 생각했지만 다만 자신의 마음을 상대방에게 표현할 줄 몰랐던 것뿐이었다.

내가 결혼할 때 남편은 24살이었고, 아버님은 이미 환갑을 넘긴 노인이셨다. 종갓집 외아들이셨던 아버님은 남편을 40이 넘어서 얻으셨단다. 그러니 어쩌면 세대 차이에서 오는 거리감이 둘 사이를 그렇게 만들고 그렇게 보이게 했는지도 모르겠다는 생각이 들었다. 남편은 없는 살림에 남에게 무엇이든지 선뜻 내주시는 아버님이 하시는 일은 대부분 거부반응을 보였고, 아버님도 마찬가지로 아들이 하는 일을 매사에 못마땅했다. 아들이 50이 넘었을 때도 늦둥이 어린 아들로만 생각하시고 아직 세상 물정을 모른다고 아들을 못 미더워하셨다. 그러면서도 아버님은 하시고 싶으신 일은 아들이 말려도 아랑곳하지 않으시고 그대로 강행하시곤 하셨다. 그러다 보니 자연히 두 남자들은 서로 웃으며 함께 하기는 힘들 수밖에 없었다. 늘 두 남자는 한자리에 앉으면 화내기 내기를 하듯 인상을 찌푸리고 말없이 앉아 있곤 했다.

아버님은 조그마한 공터만 있으면 터를 일구어 들깨나 상추, 고추, 배추, 오이, 호박 등을 심으시고 또 소나 닭, 염소 등 가축 기르는 것을 아주 좋아 하셨다. 그러나 그렇게 해서 지으신 농작물은 거의 집에까지 가지고 오시는 적은 드물었다. 그것은 유달리 정 많고, 베푸는 것 좋아하시는 아버님이 집에 들고 오시다 이웃을 만나면 그 자리에서 나누어주고 오시기 때문이었다. 이렇게 무엇이든지 남을 주고 싶어 하시고, 집에 있는 것도 무조건 나누어주는 것을 낙으로 삼으셨다.

어머니가 살아계실 적 강릉에 사실 때였다. 어느 날, 큰 황소 한 마리를 팔러 우시장에 나갔는데 새끼를 밴 염소를 데리고 온 농부가 서로 맞바꾸자고 하더란다. 그래서 아버님은 서슴없이 염소를 바꾸었다고 우리에게 자랑하셨다. 이유는 염소는 곧 새끼를 낳을 것이니 두 마리이기 때문이라 하셨다. 그때도 남편은 큰 황소를 거저 염소와 바꾸었다는 것이 어디 일반적으로 이치에 맞느냐고 화를 내며 속상해 했다.

일반 상식을 깨뜨리는 순수한 우리 아버님, 나는 그저 아버님이 이 세상 마지막 남은 순수 같아 웃고 넘어갔었다. 어찌 보면 아버님은 한평생 그렇게 손해를 보고 살아 가시면서도 그것을 손해라고 생각지 않으셨는지도 모르겠다. 그러나 요즘의 남편을 보면 예전 아버님이 하던 일을 그대로 재현하고 있다.

나이가 들어 강가의 땅을 마련하더니 남들과 나누어 함께 농사를 짓고, 또 닭도 키우고 토끼도 기르며, 거둔 채소를 이웃에 나누는 일을 하고 있다.

어느 날은 밭에 나가보니 남편은 밭가에 있는 둑을 헐고 열심히 구멍을 파고 있었다. 무엇을 하냐니까 토끼를 사다 키우겠단다. 결국 장날 몇 만원인가 주고 토끼 3마리를 사다 키우기 시작했다. 이 토끼들의 식성은 어찌나 왕성한지 풀을 따다 대기가 힘들 정도였다. 남편은 배추도 얻어다 먹이고 여러 가지 채소를 구해 먹이기에 늘 분주했다. 그러더니 가두어둔 것이 마음에 걸린다며 토끼를 놓아 키우겠다고 했다. 풀려난 토끼들이 며칠 동안은 마치 강아지들처럼 남편이 가면 남편 곁으로 달려와 남편을 알아보는 듯이 곁에서 놀고, 밭을 떠나지 않고 그 주변에서만 뛰어다닌다고 내게 자랑하듯 말했다. 그러나 결국 토끼는 온다 간다 흔적도 없이 3마리가 똑같이 사라져버렸다. 나는 분명히 토끼가 도망갔다고 했지만, 남편은 굳이 아니라며 분명 돌아온다고 기다려 보라고 했다. 그러나 토끼는 몇 달이 지나도록 끝내 돌아오지 않았다. 후에 동네 어른들 말씀이 바로 우리 밭 뒷산에 올라가니 그곳에 토끼들이 있더란다. 토끼들은 산으로 가 산토끼가 되어 버린 것이었다. 이제 산으로 갔으니 토끼는 돌아오지 않을 것이 분명하다. 그러나 남편은 천연스럽게 토끼들이 자유를 찾아갔으니 어쩌면 더 잘된 일인지도 모른다고 했다. 그렇다면 왜 돈을 주고 토끼를 샀으며, 토끼 굴까지 파고 집을 만들었을까? 아버님을 남편이 이해하기 힘들었듯이, 나도 남편을 이해하기 어려워졌다. 남편은 바로 아버님이었다.

흉보며 닮는다고 남편은 어느새 아버님과 똑같아져 있었다. 밭에서 자란 상추며 고추, 호박을 집에까지 들고 오는 일이 점점 줄어들고, 토종닭이 낳은 귀한 유정란도 처음에는 종종 가져오더니 지금은 구경조차 할 수 없다. 밭에서 돌아오는 길에 만난 이웃에게 나눠주고 오기 때문이다.

그렇게 남편과 아버님은 거울을 보듯 똑같으면서도 서로가 닮았다는 것을 부정하고 서로를 탓하고 살았던 것이다. 아버님은 이제 돌아가셨다. 그러나 아버님은 남편에게 그대로 살아계시고, 남편은 아버님의 삶을 그대로 살아가고 있다. 내가 아는 두 남자. 내가 태어나 나와 다른 성씨를 가지고 평생 많은 시간을 함께 한 이 두 남자는 서로 다른 남자였지만, 서로 같은 남자였다.

늘 그 속에 머물다

창밖으로 어둑어둑 아침이 열리고 있다.

오늘도 나는 아침 6시에 일어나 7시에 아침을 차려서 이른 아침을 먹었다. 어느새 11월에 들어서니 아침 6시면 아직 동이 덜 터서 사방이 어슴푸레하다. 어쩌면 아침이 아니라 새벽이라 해야 할지도 모르겠다. 그런 이른 시간에 마치 곧 출근해야하는 사람처럼 찌개를 끓이고 주섬주섬 냉장고에서 반찬을 내놓는다.

가끔 외출해야 할 날도 많지만 오늘은 아무 곳도 갈 계획이 없음에도 이렇게 이른 아침을 먹었다. 이른 아침을 먹고 차를 마시고 어제 읽다가 둔 다탁 위에 놓인 책을 펼쳐 들었다.

학교를 나온 지 어느덧 9년이 지났다. 9년이 지났건만 나는 늘 아침 7시 그 시간에 아침을 먹는다. 35년간의 습관이 나를 이렇게 길들여 놓았다.

세상이 3번 이상을 바뀌도록 오래 근무했던 학교를 그만둘 때 정말 많이 슬프고 허전했다. 매일 아침이면 출근하던 일이 갑자기 없어졌다는 건 내게 큰 변화였다. 학교를 나오고도 한참동안 눈감고도 찾아갈 수 있는 교정과 늘 반짝이는 눈빛으로 나를 바라보던 학생들의 맑은 눈동자가 언제나 눈앞을 따라 다녔다.

그래서인지 9년이라는 세월이 흘렀는데도 나는 여전히 그 속에 머물러 있고 가끔 실제 상황 같은 꿈도 꾼다.

35년이란 시간이 결코 짧지 않은 시간이었나 보다.

그리고 3살 버릇이 여든까지 간다더니 그 말은 정말 맞는 말인가 보다. 식사시간마저 학교에 근무할 때의 그 시간에 식사를 하니 습관은 정말 무섭다.

또 지금도 나는 가끔 밤새도록 학교에 관련된 꿈에 시달린다. 수업은 시작되었는데 내가 들어갈 반의 출석부가 없어 계속 찾아 헤매거나 천신만고 끝에 간신히 출석부를 찾았는데 내가 들어갈 학급이 없어 2층, 3층을 오르내리며 진땀을 흘리다 깬 적도 있다. 그 순간이 꼭 현실 같아 어찌나 안절부절못하고 마음을 졸였는지 모른다. 정말 애가 타는 일이 아닐 수 없다. 그렇게 꿈을 꾸다 깨면 새벽이다.

창밖 달빛이 대낮처럼 환하다. 그래도 꿈이라 너무 다행이라는 생각에 숨이 저절로 나왔다. 그리곤 더 이상 잠들지 못한다. 좀처럼 잠이 오지 않는다. 혼자 창밖 달빛이 너무 밝아서 라고 변명해보지만 이런 꿈을 꾸는 날이면 정말 해가 뜰 때까지 잠을 이룰 수 없다.

어제도 나는 꿈을 꾸었다. 친하게 지내던 옛 동료들 만나러 학교를 갔는데 너무 많이 달라져 입구를 찾을 수 없어 한참을 헤맸다. 아무리 헤매고 다녀도 입구가 없고 동료들은 그런 나를 바라만 보고 도와주지 않았다. 헤매고 헤매다 나는 결국 입구는 찾지도 못한 채 잠에서 깨어났다.

이상하다. 왜 매번 떠난 지 오래된 학교 꿈을 꾸는 것일까? 왜 매번 이루지 못하는 꿈을 꾸는 것일까? 옛 동료들과는 자주 만나지도 않는데 왜 그리도 옛 동료들 꿈을 꾸는 걸까?

그건 내 삶에서 35년간의 직장 생활이 내게 아주 소중했듯이 그때 함께 했던 동료들도 내게는 아주 소중하기 때문이 아닌가 싶다.

그들에겐 현재가 있고 나는 혼자 과거에 머물러 있는 건 아닐까? 이렇게 속절없이 지난날에 머물러 있는 내가 가끔은 낯설다. 당시는 그들과 즐거웠지만 시간이 지나니 자연히 퇴색하고 멀어지는 것이 당연할진데 나는 그 속에 머물러 있으니…….

언제나 내 가슴 터엔 35년이라는 세월이 추억이라는 이름의 먼지로 뽀얀 깃털을 날리며 붐비고 있다.

이른 아침, 창가에 다시 떠오르는 옛날, 이름 하나 물고서 내 기억 저편으로 날아가 버리는 새 한 마리……. 내 의지와 상관없이 오늘도 추억이 일어서고 있다.

명성왕후와 그녀

그녀를 마지막 본 것은 정확하지는 않지만 대략 42년 전이 아닌가 싶다.

그녀가 중학교 2학년 때 나는 전근 온 지 얼마 안 된 사회선생님이었다. 그녀를 그렇게 오래 가르치지는 않았다. 그래도 또렷하게 기억한다. 키가 작고 똘망똘망하고 당차고 야무졌다. 학교 특별활동 발표 때는 그녀는 각본을 짜서 반 친구들을 무대 위에 올리곤 했다. 그렇게 그녀는 적극적이었다. 그리고 3학년이 되어 그녀는 서울로 전학을 갔고 그 뒤 소식을 몰랐다.

그러다 작년에 그 당시 담임이었던 남편에게는 소식이 닿아 한번 만났다고 전해 들었다. 그녀는 예술대학 극작가 교수가 되어있었다. 그럴 줄 알았다는 생각과 정말 대단하다는 생각이 겹쳤다. 그리곤 잠시 잊었다.

몇 주 전인가?

남편이 내게 말했다. 그녀가 쓴 각본으로 뮤지컬을 올린다고 티켓 두 장을 보내왔다고 했다. 나랑 함께 오라고 했단다. 문득 그 소리를 듣고 다시 42년 전의 그녀를 소환했다. 그녀의 10대와 나의 20대가 파랗게 눈앞으로 쏟아졌다. 그녀의 앳된 중학생 얼굴과 나의 젊음이 슬라이드 필름처럼 찰칵찰칵 소리 내며 지나가고 있었다. 나도 모르게 가슴이 쿵쿵 뛰고 있었다.

그리고 지난 일요일 우리는 그녀의 〈잃어버린 얼굴 1985〉 뮤지컬을 보기 위해 집을 나섰다. 시작 시간보다 훨씬 빨리 서초동에 있는 예술의 전당에 도착했다. 다른 때와 달리 지금은 코로나로 상황이 많이 달라진 탓이었다. 마스크를 꼭 착용해야함은 물론 열 체크하고 손 소독하고 큐알 코드로 설문지도 작성해야만 입장이 가능했다.

사실 그녀만 아니었다면 이런 번거롭고 어려운 시절 뮤지컬 관람은 생각지도 못했을 것이다. 입장해보니 좌석도 한 자리씩 건너 앉게 되어 있었다. 그래도 그렇게 앉는 좌석이 꽉 채워져 있었다. 채워진 좌석을 보며 마치 내 무대인양 마음이 뿌듯했다.

〈잃어버린 얼굴 1895〉은 민비인 명성왕후 민자영의 이야기였다. 가벼운 피아노 인트로와 함께 극이 시작되었고 무대에는 다양한 액자들이 가득 걸려있었다. 조선 당시의 사람들 얼굴이었다. 그 액자 속 사진에는 아무리 찾아도 내가 알고 있던 명성황후의 사진은 없었다. 그때 극중에 명성왕후의 사진을 찾는 사람이 있다.

〈잃어버린 얼굴 1895〉는 민비(명성황후)의 실제 사진이 존재하지 않는다는 이야기에서 출발하는 역사적 사실과 예술적 허구가 결합 픽션 사극 공연이었다.

임오군란, 갑신정변, 동학농민운동 등의 큰 사건을 다룬 무대는 많은 생각을 하게 했고 무거운 느낌을 주기도 했지만 한국적 군무와 함께 무대는 더 없이 화려하고 웅장했다. 사건을 겪으며 백성들은 학살하는 만행을 저지르는 원흉이기도 한 민비를 죽도록 미워했고, 고종인 남편에게서도 사랑을 받지 못했으며, 시아버지인 대원군과는 철천지 원수였다.

사진 찍기 좋아하는 고종과 달리 민비는 사진 찍기를 거부했다는데 결국 민비는 그것으로 살해의 위협을 피하게 되고 선화라는 궁녀가 대신 죽음을 맞이하게 된다. 어쩌면 사진 찍기를 거부함은 죽음을 피하기 위함이 아니었을까 하는 생각을 갖게 한다. 그 당시 조선 백성이라면 민비의 악행에 누구나 분노를 갖고 있었을 텐데 극에서는 민비대신 선화가 상징적으로 일본 낭인에 의해 살해된다. 오래전 인기리에 방송되었던 드라마에서의 민비는 우리 역사를 대표하는 중전이었지만 이 뮤지컬에서는 그렇지 않다. 권력욕만 강했지 백성들을 위하는 조선의 국모 민비가 아니었다. 그녀의 악행을 그대로 보여주는 새롭고 색다른 작품이었다.

이것을 그녀가 썼다니? 그녀다웠다. 그녀는 예리하고 그때도 남다르게 새로움을 시도하는 학생이었다. 중학교 2학년 어린 학생이 자신의 글로 반 친구들을 무대에 올렸던 모습이 예술의 전당 커다란 무대 위에서 열연하는 출연자들 속에서 환하게 웃고 있었다.

심사가 있어 뮤지컬 시작 전에는 못 볼 것 같다던 그녀를 극이 끝나고 예술의 전당 넓은 마당에서 만나게 되었다.

10년이 네 번이나 지나고도 그 이상의 시간, 정말 반가웠지만 너무 긴 세월 뒤라 처음엔 선뜻 무슨 말을 해야 할 지 주춤했다. 하지만 그녀가 제자라는 사실이 대견하고 자랑스러웠다. 이미 50대 중반의 그녀에게 아마 난 대견하다는 말 대신 대단하다는 말을 했던 것 같다. 그녀는 내게 말했다. 자신은 아직도 중학교 2학년 때 내가 입었던 꽃 원피스를 기억한다고, 그 모습을 보고 저 모습이 바로 여성스러움이라는 것을 알았다고 덧붙였다. 갑자기 그녀의 말에 나의 20대가 다시 소환되고 있었다. 작고 당차던 그녀의 눈빛이 꽃무늬 원피스를 입고 있는 내 앞에서 반짝이고 있었다.

시간은 훌쩍 공간을 뛰어 넘어 그녀와의 지난날이 바람처럼 달려와 깃발처럼 펄럭이고 있었다. 꽃 원피스의 나와 그녀의 단발머리와 새하얀 칼라의 교복과 햇살 쏟아지는 교정이 원색 물감으로 그린 그림처럼 선명하고 또렷했다.

그날은 내게 그녀가 며칠 후 보낸 문자처럼 경이롭고 아주 특별한 하루였다.

그녀 · 1

비가 오려는지 눈이 내리려는지 아침부터 낮게 내려앉은 하늘이 꼬물꼬물하다. 이런 날은 누구에겐가 편지를 쓰고 싶다. 책상서랍을 열어 편지지를 꺼내놓고 오랜만에 그녀에게 편지를 썼다.

거리의 빨간 우체통을 보면 나는 지금도 마음이 설렌다. 정성껏 편지를 써서 우체통에 넣는 마음은 그 어떤 때보다 행복하다. 요즘은 우체통 찾기도 힘들다. 예전에 많던 우체통이 점점 거리에서 사라지고 있다. 정보통신의 발달로 대부분의 사람들은 바쁜 생활 속에 휴대폰이나 인터넷을 이용한지 오래이기 때문이리라.

하지만 난 그녀에게만은 꼭 손 편지를 썼다. 그래서 그녀와는 유일하게 내가 손 편지를 주고받는 사이이다. 어쩌면 직접 손으로 글을 써서 보내고 싶은 이 마음은 내 마음이자 그녀의 마음이 아닌가 싶다. 그러다 보니 그녀와 그동안 주고받은 편지는 박스 안에 그득하다.

그녀는 늘 내 맘속에 자리하고 있다. 소식이 있을 때나 그렇지 않을 때나 언제나 똑같다.

그녀를 처음 본 것은 그녀가 중학교 때였다. 그녀는 야무지고 똑똑했다. 리더십도 뛰어나 언제나 반장이고 회장이었다. 부족함이 없는 아이였고 또래보다 생각이 깊고 어른스러운 아이였다.

그러나 그녀는 엄마와 함께 생활하지 못하는 사정이 있었다. 그래서 내겐 왠지 그녀의 활발함 속에서 남모를 작은 외로움이 보였고, 그녀의 당참 속에서 공허한 빈자리가 보였다.

한창 사춘기에 힘들 텐데도 전혀 내색하지 않고 성실히 공부하는 그녀 마음속에 지지 않는 꽃이 되어주고 싶었다. 그저 봄이면 들에 피는 잔잔한 제비꽃이 되어 외로움을 채워주고 싶었고, 공허함을 메꿔주고 싶었다. 그렇게 우리는 가까워졌다.

어느새 30대 후반인 그녀는 지금 경기도에서 고등학교 선생님을 하고 있다. 대학 졸업 후 고향에 돌아와 집에서 후배들을 가르치기도 했지만 그녀의 꿈은 선생님이었다. 그녀가 잠시 고향에 머물 때 그녀는 잊지 않고 내게 가끔 꽃을 보내왔고 마음담긴 편지를 보내오곤 했다. 그때도 우리는 한 지역에 있으면서도 서로 편지를 주고받았다.

그녀에게 편지를 쓰는 시간은 행복한 시간이었고, 그녀의 편지를 전해 받는 날은 어릴 적 소풍지에서 발견했던 보물만큼이나 반가운 일이었다.

그 당시 그녀가 모교에서 잠시 기간제 교사를 할 기회가 있었다. 그때 나는 내손으로 그녀에게 출근복을 사 입히고 싶었다. 딸아이에게 첫 출근복을 준비하는 마음으로 옷을 준비했던 그때를 생각하면 지금도 마음이 풍선처럼 날아오른다.

임용고시 후 멀리 경기도로 첫 발령을 받은 그녀, 그녀가 그 꿈을 이루기 위해 얼마나 고생을 했는지 나는 안다. 내게는 늘 여려 보이지만 호두 껍데기만큼 단단하다는 것도 안다. 대학을 다닐 때도 자신이 원하는 것이 아니라 생각할 때 거침없이 학교를 그만두고 나와 다른 길을 모색해 당당하게 자신의 길을 찾아 진학하였고 고향에 돌아와 후배를 가르칠 때도 늘 확고한 꿈을 가지고 있었다.

그런 집념으로 그녀는 그 어렵다는 교사 임용시험에도 늦은 나이에 당당하게 합격하여 그녀가 원하는 선생님이 되었다. 그녀의 합격소식을 들었을 때 얼마나 기뻤던지 내가 합격한 것처럼 환호했다. 발령받고 그녀가 들고 온 커다란 꽃다발과 그녀의 마음이 가득 담긴 봉투를 받고는 나도 모르게 눈물을 흘렸던 기억이다. 정말 행복했고 뿌듯했다.

내게는 늘 중학교 때 모습 그대로 어린 소녀인 그녀, 나는 늘 그녀를 응원한다. 그녀는 지금 또 다른 꿈을 향해 노력하고 있다. 나는 언제나 그랬듯이 그녀는 그녀의 꿈을 또 당당히 해내리라 믿는다.

처져 있다가도 내게 편지를 받으면 기운이 나고 삶의 힘을 얻는다는 그녀, 난 그녀가 보내는 사랑이 눈에는 보이지 않지만 또렷하게 느끼고 있다. 그녀와 나는 이제 많은 말을 하지 않아도 서로를 알고, 주고받는 편지 속 글자 행간의 여백까지도 읽을 줄 아는 사이가 되었다. 그만큼 우리는 떨어지려야 떨어질 수 없는 사이가 되었다는 말이 아닌가 싶다.

참으로 오랜만에 빨간 우체통을 찾아 그녀에게 마음을 전하러 집을 나선다. 얼굴에 닿는 촉촉한 공기에 봄기운이 가득하다.

그녀 · 2

하늘에서 꽃잎인지 먼지인지 구분이 어려운 눈발이 아침부터 '내리다'와 '그치다'를 반복하고 있다. 내리던 눈발은 바로 작은 바람에도 날아오르기도 하고 한 바퀴 돌아 다시 내리기도 한다. 어렵게 땅까지 내려온 눈발도 금세 흔적 없이 사라진다. 이제는 눈발 속에서도 희미하게 봄 냄새가 난다.

거실 끝에 앉아 한참을 눈길은 창밖에 두고 멍때리기를 하던 나는 나갔던 정신을 챙겨 컴퓨터 앞에 앉았다.

며칠 전 생각지도 못한 그녀에게서 긴 문자가 도착했다. 무슨 일이 있나 놀라 읽어보니 그녀의 일상 이야기임에도 불구하고 가슴을 울렸다. 그래서 나는 맥없이 울고 있었다. 그녀의 글은 그저 나열된 문자가 아니라 감동이었다.

그동안 두 아이의 엄마가 된 그녀와는 육아로 예전처럼 자주 만나지는 못했지만 가끔 문자로 안부를 주고받곤 했다. 아이 키울 때는 잠깐의 시간도 힘든데 어찌 이리 긴 글을 보냈나 했더니 아기들을 재워놓고 쓴다 했다. 그동안의 이야기와 이런저런 일상사를 적어나가며 돌아가신 아버지에 대해 위로의 마음을 전해 눈물나게 했다. 그녀의 글에 갑자기 돌아가신 아버지도 생각나고 그녀의 따뜻한 진심이 전해져 가슴이 뭉클하여 하염없이 눈물이 흘렀다. 돌아가신지 꽤 많은 시간이 흘렀지만 그녀는 그랬다. 무엇보다도 그녀의 마음이 나를 울렸다.

그녀는 대학 졸업 후 같은 관내 교사로 임명되고 어쩌다 보니 같은 아파트 바로 옆 동에 살면서 가깝던 사이가 더 가까워졌다.

가끔 그녀가 퇴근 후 찾아오면 우리는 지난 이야기를 꺼내 낄낄거렸고, 서로의 마음 이야기를 내놓으며 눈가를 촉촉이 적시기도 하였다. 그리고 서로 누구에게도 맘 편히 할 수 없는 주변 흉도 살짝 곁들이기도 했다. 다른 사람에게 누군가의 흉을 보고 헤어지면 찜찜한 면도 있었을 텐데 난 그녀에게는 전혀 그런 기분 들지 않아 좋았다. 난 그녀에게 한결같은 믿음이 있었고, 또 늘 그녀의 모든 것을 수용해 줄 준비가 언제나 완벽히 되어있었다. 우리는 그런 사이었다.

사실 어떻게 생각하면 주변에 이런 친구 같은 이웃은 많지 않아도 된다. 한명이면 족하다.

이야기꽃을 피우다 보면 늦은 밤 일어서지만 엘리베이터가 올 때까지 현관에서 또 이어지는 이야기는 거의 그저 이야기가 아니라 바로 말 그대로 수다였다.

그녀와의 시간은 항상 금세 지나가 버린다. 그렇게 슬리퍼 신고 맨얼굴로 찾아와 이런저런 이야기를 하다 돌아가는 그녀를 보면 문득 유안진 시인의 「지란지교를 꿈꾸며」가 떠오른다.

> 저녁을 먹고 나면 허물없이 찾아가 차 한잔 마시고 싶다고 말할 수 있는 친구가 있었으면 좋겠다.
> 입은 옷을 갈아 입지 않고 김치냄새가 좀 나더라도 흉보지 않을 친구가 우리 집 가까이에 있었으면 좋겠다.
> 비 오는 오후나 눈 내리는 밤에 고무신을 끌고 찾아가도 좋을 친구.
> 밤늦도록 공허한 마음도 마음 놓고 볼 수 있고 악의 없이 남의 이야기를 주고 받고나서도 말이 날까 걱정되지 않는 친구가.
> (중략)
> 나보다 나이가 많아도 좋고 동갑이어도 좋고 적어도 좋다…….

그녀는 나보다 훨씬 나이가 적다. 아니 많이 어리다. 그러나 그녀를 보면 지란지교를 꿈꾸며 시 속의 친구가 떠오른다. 그녀는 시에서처럼 인품이 맑은 강물처럼 조용하고 은근하며, 깊고 신선하며 예술과 인생을 소중히 여기는 아주 성숙한 사람이다. 가끔 소소한 모든 걸 얘기할 수 있는 그녀가 이웃이니 나는 정말 복 많은 사람이라는 생각이 든다.

그녀를 만난 지 20년이 흘렀다. 그녀를 처음 만났을 때는 내게 세계사를 배우는 중학교 2학년 학생이었다. 그녀는 공부는 말할 것도 없고 늘 반듯하고 단정하고 성실하며 모범적이었다. 그녀와의 남다른 인연은 함께 유럽으로 떠난 배낭여행 때부터였다. 그 뒤로 가까워진 우리는 그녀가 영월이 아닌 타지 고등학교로 진학한 후에도 서로 연락하며 지냈고, 그녀가 관내 교사가 되고는 아주 가까운 이웃이 되었다. 비록 지금은 두 아이의 엄마가 된 그녀와 예전처럼 자주 만나지는 못하지만 맘은 언제나 그대로다. 아이들이 좀 더 크면 다시 맘 놓고 수다 떠는 날이 오리라 믿는다.

두 아이를 키우며 직장생활도 잘 하고 있는 그녀는 훌륭한 엄마와 선생님이라 자랑스럽다. 난 자랑스러운 그녀를 나와 오래도록 함께 할 소중한 사람이라고 말하고 싶다.

단짝 친구

벌써 재작년의 일이다. 그녀가 서울에 와있다는 이야기를 그 해 1월에 듣고도 만나야지 생각은 하면서도 그만 이런저런 일로 정신이 없어 만나지 못하다가, 햇살이 늦도록 뜨겁던 8월 중순에야 그녀를 만났다. 그리고 그 뒤로는 서울에서 한 달에 한 번씩은 만났었다.

그녀는 어릴 적부터 붙어 다니던 단짝친구다. 고향인 원주에서 초등학교부터 중고등학교를 같이 다니다 대학까지 같은 지역으로 갔던, 어쩌다 마음을 다 들키고도 하나도 부끄럽지 않은 친구가 있다면 내겐 바로 그녀가 그런 친구가 아닌가 싶다.

나는 대학을 가고 결혼을 하면서 떠난 고향이지만 그녀는 대학을 졸업하고 고향으로 돌아와 고향 사람과 결혼을 하고 고향에서 오랫동안 교직에 몸담고 있었다.

물론 지금은 친구나 나나 교직을 떠난 지 제법 오래되었다. 그러다 요즘 친구는 결혼한 딸아이 아기를 봐주러 서울에 와 있는 중이다. 마침 나도 가끔 딸네 아기를 봐주러 서울을 가다보니 자연스레 서울에서 만나게 되었다.

만나는 날에는 아침부터 설레어 약속시간보다 일찍 집에서 나왔다. 약속장소인 사당역 8번 출구에서 거리를 오가며 그녀를 기다렸다. 시간이 되자 그녀는 양 볼에 보조개가 사과꼭지처럼 파인 얼굴로 환하게 웃으며 내 앞에 나타났다. 치장을 좋아하지 않는 그녀는 마치 들꽃 같다. 그녀는 언제나 웃는다. 힘들 때도 웃고 난감할 때도 그녀는 웃는다. 난 그녀가 화내는 모습을 본 적이 없다. 그래서 자연히 나도 그녀를 만나면 웃게 된다. 그녀와 나는 여고 시절 때도 하도 웃어 선생님들께 괜스레 웃는다고 야단을 맞은 적도 있다.

그렇게 잘 웃는 그녀는 10년 가까이 치매 걸린 시어머니를 집에서 모시고 살았다. 처음 교직에 명퇴를 신청할 때도 시어머니가 아프셔서 명퇴를 한다고 했다. 어쩌다 요양보호사가 오시는 시간에 잠깐 나를 만날 때면 얼굴에 상처가 나있곤 했다. 무슨 상처냐 물으면 치매 걸린 시어머니를 씻겨드리다 시어머니가 할퀸 상처라 했다. 그때도 그녀는 아무렇지도 않게 환하게 웃으며 말했다. 그렇게 그녀는 잘 웃는다. 날개만 없지 그녀는 영락없는 천사다. 천사 같은 그녀를 만나면 내 마음까지 한없이 밝아진다.

서울에서 처음 만난 날, 그녀와 함께 점심을 먹고 차를 마시며 우리는 지나간 옛 일들을 낡은 앨범을 뒤지듯 하나하나 꺼내기 시작했다. 중고등학교 때 선생님들 이야기며, 시험 때마다 우리 집에서 함께 밤을 새우며 공부하던 이야기, 그리고 자식들 이야기와 친구들 이야기를 하느라 시간 가는 줄 몰랐다. 그러다 시계를 보니 그녀가 손녀를 어린이 집으로 데리러가야 할 시간을 놓쳐버리고 말았다. 우리도 모르게 시간이 훌쩍 지나가 버린 것이다.

대화를 마무리하지 못하고 부랴부랴 헤어져 집으로 돌아왔다. 돌아오며 나는 줄곧 그녀 생각에 빠졌다. 그녀와 만나면 하고 또 하는 지난 날 이야기지만 매번 처음인양 재미있고 즐겁다. 그녀와 함께 했던 기억은 좀체 늙지도 않는다. 늘 푸르고 언제나 젊다. 그래서 아름답다. 조금 애잔한 추억도 있지만 그 마저도 아름다운 건 젊은 날의 기억이기 때문일 것이다.

며칠 전에는 그녀와 명동 성당에서 만났다. 그곳에서 그녀는 얼마 전 돌아가신 우리 아버지를 위해 촛불을 밝혀 주었다. 내 마음을 헤아려주는 그녀가 정말 고마웠다. 그녀와의 시간은 언제나 빠르다. 잠시 이야기한 것만 같은데 금세 그녀의 손녀 어린이집 퇴원 시간이 가까워지곤 한다. 행복한 시간은 빨리 간다 했던가? 언제부터인가 우리에게 주어지는 시간은 구멍 난 그릇에 담긴 물처럼 새버리는 기분이 들어 아쉽다.

보통 나이가 들면 느긋해지고 마음이 넉넉해진다는데 무슨 조화인지 나이가 들어도 극도로 예민하여 사소한 바람에도 몸이 아프고 또 조그만 일에도 마음을 다치는 내게 가끔 만나 토닥여주고 내 마음의 빈 그릇을 채워주는 그녀는 마치 따스한 봄 햇살 같다.

그녀와 있으면 추운 날에도 훈훈해지고, 그녀와 이야기를 나누면 별로 재미있는 이야기가 아니라도 웃음꽃이 핀다. 그녀와 함께 하는 시간은 그 어느 것도 대체 할 수 없다.

명동성당에서 시간을 보내고 타박타박 걸어 집으로 돌아오는 길, 가슴은 그녀와의 추억으로 가득 채워져 나도 모르게 자꾸 웃음이 나고 발걸음도 가벼워졌다. 그리고 순간 내 눈앞에서는 말간 비눗방울이 팡팡팡 터지고 있었다.

4부
혼자서 부르는 노래

노안(老眼)

어제도 한바탕 돋보기를 찾느라 진땀을 흘렸다. 일이 많아 몇 시간동안 돋보기를 쓰고 컴퓨터 앞에 앉아 있던 중 물 한 잔 마시러 일어섰다 곧 다시 돌아와 자리에 앉았는데 그 사이 내 돋보기가 행방불명이 되어 버린 것이다. 처음엔 아무 말 없이 혼자서 이곳저곳을 둘러보았다. 그런데 감쪽같이 돋보기는 사라지고 없었다. 이런 일은 수시로 일어나는 일이긴 했지만 나는 맥이 빠져 한참을 말없이 앉아있었다. 이럴 때 기분은 정말 허망 그 자체이다. 돋보기를 벗던 순간부터 찬찬히 되새겨보았다. 그리고 좀 전에도 찾아본 곳이지만 다시 한 번 책상 위에 놓여있는 가방을 들어보니 아까는 분명 없던 안경이 툭 떨어졌다. 긴 한숨이 절로 나오고, 내 자신이 싫어진다.

돋보기를 쓰면서부터 나는 집에서고 직장에서고 남모르는 고통을 오늘처럼 수없이 경험하곤 했다. 그래서 여분의 돋보기를 몇 개 더 만들어 곳곳에 두어 볼까도 생각했었다. 이렇게 돋보기와 나와의 숨바꼭질은 자주 있는 일이다. 돋보기는 나를 성가시게 하고는 있지만 솔직한 것은 이제는 내 생활에 있어 없어서는 안 되는 첫 번째 물건이라는 것이다.

내 시력은 언제나 2.0이었다. 직장에서 건강검진을 할 때면 심지어 시력표를 외웠다는 오해를 받을 정도였다. 그래서 안경 쓴 사람들의 불편함도 이해 못했고, 나는 늘 눈에 대해서만큼은 자신이 있었고, 남이 못 알아보는 먼 곳의 글자도 먼저 알아보았었다. 눈에 대한 불편함이라곤 전혀 없었다.

그러다 40대 중반 늦깎이 공부를 시작한 때였다. 밤늦도록 책과 씨름하고 새벽에 눈을 뜨면 또 책을 봐야하던 어느 날, 책을 펼쳐들었는데 갑자기 글씨가 온통 뿌옇게 보였다. 처음엔 잠이 부족해서 그러려니 했다. 그러나 하루 이틀이 지나도 조금도 나아지지 않았다. 심지어 책 속의 글자들은 안개 속에서 일렁여 멀미가 나고 머리까지 지끈거렸다. 어쩔 수 없이 안과를 찾았다. 시력 검사를 하더니 노안이라 돋보기를 써야한단다. 어느새 내가 노안이라니 마음 저 켠에서 쿵하고 무언가 떨어지는 소리가 들렸다.

왠지 석연치 않아하는 내게 의사는 시력이 좋으면 노안이 더 빨리 온다고 덧붙였다. 눈 때문에 공부를 중단할 수도 없고 하는 수 없이 돋보기를 맞추게 되었고 나는 그때부터 쓰게 된 돋보기를 지금까지 줄곧 쓰고 있다.

어릴 적 시골 할머니 댁에 가면 눈이 어두운 할머니께서 차려주신 밥상 그릇에 고춧가루가 묻어있고, 밥에 머리카락이 들어가 있어 밥 먹기 찜찜했던 기억이 떠올라 갑자기 얼굴이 화끈 달아올랐다. 어느새 내가 그런 나이가 되어 있었다.

이제는 돋보기 없으면 아무것도 제대로 볼 수 없고 읽을 수도 없으며, 글 한 줄 쓸 수도 없다. 심지어 식사 준비를 할 때도 돋보기가 필요하다. 밥을 하며 물 양을 볼 때, 시금치나 나물을 다듬을 때도 작은 잡티를 떼어 내려면 돋보기가 필요하다.

머리를 빗고 나서 뒷정리할 때도 돋보기가 필요하고, 화장을 할 때도 마찬가지다. 그래서 요즘은 그럴 때마다 돋보기를 찾는 일도 내게 새로운 일이 되어 버렸다.

그러나 어찌되었건 돋보기기 있어 보이지 않는 글씨를 선명하고 또렷하게 볼 수 있다는 것과 내가 좋아하는 글을 쓸 수 있다는 것은 얼마나 다행한 일인가?

하지만 실은 돋보기가 그렇게 다행인 것만도 아니다. 돋보기를 쓰지 않을 때는 내 얼굴에 그렇게 주름이 많은 줄도 몰랐고, 남편의 머리에 흰 머리칼이 그렇게 많은 줄도 실은 느끼지 못했나. 돋보기를 쓰고 거울 앞에 서보니 눈가와 입 주위는 잔주름이 여러 겹으로 줄져 있었고, 남편의 머리칼은 검은 색보다 흰색이 훨씬 더 많았다. 또 그동안 몰랐던 눈에 띄지 않던 먼지들과 잡티들도 집안에 가득

하여 순간 놀라움보다는 짜증이 앞섰다. 돋보기를 쓰지 않았을 때는 정말 몰랐다. 텔레비전과 피아노 위의 먼지도 싱크대 위의 물때도 선뜻 눈에 들어오지 않았고 전혀 눈에 거슬리지 않았다. 그리고 이곳저곳에 떨어져 있는 머리카락도 보이지 않았었다. 그래서 늘 이만하면 깨끗하다 생각하고 살았었다. 그러나 이제는 더 이상 그대도 방치할 수 없어 나는 틈만 나면 돋보기를 쓰고 먼지를 닦아내고 머리카락을 줍는다.

가만히 생각해보면 세상은 두 가지다.

선명하게 보여서 좋은 것과 선명하게 보지 않을수록 좋은 것.

글자와 사물은 선명할수록 좋고, 나이든 내 얼굴과 남편의 머리칼과 집안의 잡다한 것들은 선명하지 않을수록 좋다.

세상에 이치도 이곳에 있다. 남의 장점은 돋보기를 쓰고 보듯 선명하게 보아주고 칭찬해주지만, 남의 단점은 돋보기를 벗은 듯 그저 잘하고 있다고 보이는 대로 좋게 보아주고 격려해주는 삶이 아름답고 현명한 삶이 아닐까 하는 생각이 든다. 이건 아이러니컬하게도 노안이 되어 쓰게 된 돋보기가 내게 가르쳐준 아주 훌륭한 삶의 지혜이다.

약해지지 마

아침에 일어나 밖을 보니 다문다문 피기 시작한 꽃들로 앞산은 마치 커다란 화원 같다. 도로변에 벚꽃 꽃망울도 곧 벌어질 기세다. 그런데 시샘이라도 하듯 며칠 새 찬바람이 많이 분다. 왠지 마음이 심란하기도 하고 몸도 찌뿌둥한 것 같아 집을 나섰다. 집 가까운 공원을 걷고 또 걷다보니 나무들엔 새싹이 올라와 온통 푸르고 새순 위로 내려앉는 햇살도 눈부시다.

어느새 일선에서 그만둔 지 일 년이 지났다. 놀면 좋을 줄 알았더니 그게 아니었다. 그동안 바쁘게 살았을 때에는 몰랐다. 내 나이가 얼마인지도. 그러나 지금 무엇을 다시 시작해 볼까 할 때마다 제일 먼저 떠오르는 것이 내 나이이다.

'자격증 시험을 봐볼까?' 하다가도 이 나이에 그건 봐서 뭘 하지?' 하는 생각이 들어 찾던 손길을 멈추었고, 누군가 무엇을 해보지 않겠냐고 제의해도 '이 나이에 내가 그런 일을 하면 뭐 해?'라는 생각이 들어 선뜻 응하지 못했다.

용기가 없는 걸까? 의욕이 없어진 걸까? 혼자 생각해볼 때가 많다. 사실은 용기나 의욕보다 자신이 없다. 자신감이 없어진다는 것은 삶에 의욕이 없어진다는 것과도 같다. 또 한편 내 자신이 많이 약해져 있다는 것이기도 할 것이다. 이런 런 생각에 화창한 봄임에도 불구하고 며칠 동안 우울했다.

그러다가 문득 올해 101세로 타계한 '시바타 도요'가 떠올랐다. 99세에 『약해지지 마』 라는 첫 시집을 내서 150만부가 넘게 팔렸던 일본의 할머니 시인 말이다.

있잖아
불행하다고 한숨짓지 마
햇살과 산들바람은
한쪽 편만 들지 않아
꿈은
평등하게 꿀 수 있는 거야
나도 괴로운 일 많았지만
살아있어 좋았어
너도 약해지지 마

이 「약해지지 마」 라는 시는 마치 내게 말하는 듯했다. 그녀는 남편과 사별하고 혼자 살면서 그동안 해오던 일본무용이 힘에 부쳐

90세가 넘어서야 시작한 것이 시 쓰는 일이었다고 한다. 그녀는 쉬운 말로 시를 쓰면 무시하는 일본에서 알기 쉬운 말로 마음을 전달하는 것이 가능하다는 것을 보여주었던 대표적인 시인이다.

그 시인을 떠올리자 생각이 달라졌다. 정말 나이는 숫자에 불과하다. 약해지지 말아야지……. 누구나 평등하게 꿀 수 있는 것이 꿈이다. 무엇을 위해서보다 나를 위해서 새로운 것에 도전해보고 이루려고 노력해 봐야겠다. 시바타 도요에 비하면 난 지금 너무 어린 나이 아닌가? 우물쭈물 시간을 보내는 일은 너무 아깝다는 생각을 이제야 한다.

그동안 꼭 따고 싶었던 자격증을 위해 인터넷으로 책을 주문했다. 어디선가 그녀가 나지막한 목소리로 내게 말을 건다.

"인생이란 지금부터야. 그리고 아침은 반드시 찾아와. 그러니 약해지지 마."

졸혼(卒婚)

요즘 우리나라에서는 일본에서 시작된 '졸혼'이 전해져 여기저기에서 자주 듣는다. '졸혼(卒婚)'이란 말은 결혼생활을 졸업한다는 뜻으로, 이혼하지 않으면서도 각자 따로 살고 서로 간섭하지 않으며 자유롭게 살아가는 생활방식을 말하는 신조어 중 하나란다.

결혼 후 힘들게 살던 아내들이 나이 들어 먼저 '졸혼'을 요구하기도 하고, 가족들 위해 평생 직장생활 하느라 힘들었던 남자들이 퇴직하고 먼저 '졸혼'을 요구하기도 한단다. 예전에는 부부가 싫어져도 그동안 살아오면서 쌓여온 정으로 그냥 살았으나 이제는 그렇지 않은가 보다.

이렇게 '졸혼'이 한창 유행일 무렵, 남편이 40년의 직장 생활을 모두 마치고 집으로 돌아 왔다. 그러고 보면 내가 직장을 그만 둔 지도 꽤 지났으니 시간은 참으로 빠르다.

20대 초반에 같은 직장에서 만나 결혼하여 정말 둘 다 정신없이 살았다. 남편은 늘 진학반을 맡아 바빴고, 나도 집안일까지 해야 하니 바쁘긴 마찬가지였다. 학교가 끝나고 집으로 돌아오면 아버님과 아이 돌보느라 쉴 틈이 없었다. 그럴 때 남편은 바쁘다는 이유로 집안일을 도와주지 않았다. 그렇게 바쁘던 그가 이제 직장생활을 마치고 집으로 돌아왔다. 그 사이 아버님도 돌아가시고 아이들도 자라 모두 결혼하여 집을 떠났다. 이제 나도 좀 한가해져 나만의 시간을 즐길 여유가 필요할 때 남편이 내 곁으로 돌아와 또 내 손을 필요로 하고 있다. 젊은 날 그렇게 일찍 들어오길 바랄 때는 늦게 오더니 그때와는 달리 지금은 나가서 저녁도 먹고 좀 늦게 와도 되건만 외출을 했다가도 저녁때가 되면 저녁도 먹지 않고 집으로 돌아온다. 그런 남편을 보면 어이없어 웃음이 절로 나온다. 그래서 남편이 퇴직하고부터는 내 시간에 제약을 받고 하루 세끼 꼬박 밥을 해야 되는 뒤늦은 시집살이를 하고 있다. 왜 남편도 하면 되지 않겠나하겠지만 남편은 그 옛날 귀한 2대 독자 외아들로 자라 집안일을 할 줄 모른다.

나 혼자 먹으면 그저 간단히 먹을 수도 있는 걸 남편 때문에 때마다 밥을 하고, 일이 있어 나갈 때도 남편 밥을 챙겨야 하고, 나갔다가도 때가 되면 허겁지겁 돌아와 남편을 위해 밥을 하다 보니 다시 바빠졌다. 이쯤 되니 나도 가끔 짜증나고 왜 나이 든 사람들이 졸혼을 꿈꾸는지 이해가 되기도 하였다.

그러던 어느 날, TV 뉴스에 어느 노부부의 이야기가 나왔다. 평소 금슬 좋기로 소문난 노부부가 있었는데 할머니가 어느 날 간암 말기라며 앞으로 한 달밖에 남지 않았다는 얘기를 듣고 심하게 충격을 받았단다. 그래서 할아버지는 그동안 운영하던 가게를 바로 접고 할머니와 함께 캠핑카를 빌려 여행을 다니기로 결정을 했단다. 그건 할머니도 얼마 남지 않았다는 시간동안 할아버지와 여행을 하다가 남편 옆에서 세상과 작별을 하고 싶다는 바람 때문이기도 했단다. 그래서 할아버지는 장례비와 두 분의 영정 사진까지 준비해서 캠핑카 여행을 시작하였다. 그렇게 해서 여행을 다니던 중 한 달 만에 할머니는 캠핑카 안에서 할아버지가 지켜보는 가운데 숨을 거뒀다. 그 뒤 할아버지는 작은 메모지에 유서를 적어 놓고 준비해둔 농약을 꺼내 마시고 할머니 곁에 누웠다. 하지만 의식이 깨어난 할아버지는 사위에게 전화를 걸었고 병원으로 옮겨진 할아버지는 생명을 건지셨다고 한다. 이 이야기를 듣고 난 많은 것을 생각했다. 평생을 함께 하고도 죽음도 함께 하고 싶어 하는 할아버지의 심정이 참으로 애틋하고 짠했다. 그렇게 노부부의 애틋한 사랑이야기는 온종일 내 머릿속에서 떠나지 않았다. 사실 생각해보면 우리들이 부부의 연을 맺어 사는 시간은 길다면 길고 짧다면 정말 짧은 시간이다. 사랑해서 결혼해 자식 낳고 살다가 나이가 들었다고, 나하나 편하자고, 그동안 고생한 것이 억울하다고, 헤어져 산다는 것은 문득 아닌 것 같았다.

주변에서 흔히들 나이가 들어 남편이 미워지면 남편 국수 먹는 후루룩 소리도 듣기 싫고, 기침하는 소리도 듣기 싫다는 말들을 한다. 살다보면 왜 미울 때가 없겠는가? 내가 그를 미워한다면 그도 내가 미울 때가 분명 있었을 것이다.

생각을 바꿨다. 혼자 있으면 대충 먹을 것을 남편이 있어 이것저것 영양 갖추어 먹게 되니 오히려 잘 되었다고 생각하고, 혼자 먹으면 밥맛도 없을 텐데 함께 먹어 더 맛있게 먹는다고 생각하니 마음이 편해졌다. 또, 나갔다 들어올 때도 집에서 누군가 나를 기다리는 사람이 있다는 건 행복한 일이라고 믿으니 그런대로 괜찮아졌다. 이렇게 마음을 바꾸니 하루하루가 지낼만했다.

오늘도 재능 기부하러 인성교육 나갔던 남편이 밥 때도 지났는데 밥도 안 먹고 돌아왔다. 그곳에서 식사하고 가시라는 걸 밖에서 먹는 것보다 내가 해준 집밥이 맛있어 집에서 먹으려고 그냥 왔단다. 그럴 땐 밖에서 먹고 돌아와야 내가 더 좋아한다는 사실을 눈치 없는 남편은 아직 캐치하지 못했나 보다.

"때가 되면 밖에서 밥을 먹고 와야 내가 더 좋아한다는 사실을 당신은 왜 몰라? 다음부터는 꼭 먹고 오세요"하는 나를 어리둥절 쳐다보는 남편을 보니 아무래도 내 마음이 언제 또 바뀔지 나도 장담을 못하겠다. '졸혼'은 아직도 여전히 일본에서뿐만 아니라 한국에서도 유행이라니 말이다.

불면증

몇 년 전 유난히 불면증에 시달린 적이 있었다.

673까지 세었던가? 674까지 세었던가? 시간이 지나면 지날수록 속까지 훤히 보이며 투명해질 대로 투명해지는 영혼은 숫자를 되뇌는 입과 동떨어져 오늘은 젊은 날로 기어 올라가 디근자형 여러 가구가 모여 살던 직사각형 길고 좁은 첫 신혼집에 가있다가 곧이어 줄 따라 나팔꽃 피어있는 어릴 적 내방 문턱에 걸터앉았다가…….

아침 국을 무얼 끓일까 하다가 생뚱맞게 아직도 먼 딸아이 출산 걱정으로 옮겨가며 뒤척였는데 2시를 알리는 시계소리를 들었다. 675, 676, 677, 678……. 갑자기 내가 수업할 교실 못 찾아 땀 흘리다가 벌떡 일어나니 아직도 한밤중이고 아침은 멀리 있고 태풍 솔릭 따라 올라온 비바람소리가 창을 흔든다. 문득 태어나지도 않은 딸아이 아기 얼굴은 어떻게 생겼을까 생각을 하다가 혼자 계실 아버지 생각을 하다가 결국은 어머니 생각이나 머리 세차게 도

리질해가며 아무 생각 안하려 애써도 계속 무언가가 마음 편치 않아 신경 쓰였다. 그러다 잠든 기억 전혀 없는데 깜짝 놀라 눈을 뜨니 아침이었다. 백수주제에 느닷없이 출근시간에 놀라며 허덕였다.

그러나 다행스러운 건 요즘은 잠을 잘 잔다는 것이다.

상처

난 어릴 적부터 잘 넘어지고 잘 다쳤다. 어머니 말을 빌면 데퉁맞아서[1] 그렇다고 하셨다. 그래서 늘 양 무릎이 성할 날이 없었고 손바닥도 찢어지고 손가락도 여기저기 상처가 많았다.

요즘도 양손이 상처투성이다. 그러지 않아도 살 한 점 없이 비쩍 마르고 건조하고 쭈글쭈글한 내 손은 상처까지 있어 완전 볼품이 없다.

오른쪽 손에 상처는 서울 아이들 집에 가서 도시락 반찬 좀 해줄까 해서 딱딱하게 마른 오징어를 여러 마리 가위질을 했더니 가위가 움직일 때마다 엄지 손등을 건드려 심하게 까지고 패여 상처가 났고, 왼쪽 손에 상처는 며칠 전 아침 바쁘게 전기 고대기로 머리를 하려다 그만 데고 말았다. 처음에는 그리 심하지 않던 상처가 물을 자주 대고 늘 쓰지 않으면 안 되는 것이 손이다보니 점점 상처가 심해졌다. 볼 때마다 신경이 쓰이고 상처에 진물이 나고 아프다.

1) 데퉁맞다 : 부주의하다의 사투리

하지만 이런 상처는 시간이 지나면 아문다. 아물면 흔적이 심하게 남지 않고서야 언제 내가 아팠는지 조차 기억에서 사라지기 마련이다.

그러나 마음의 상처는 그렇지 않다. 그렇게 손에 생긴 상처처럼 쉽게 없어지지 않는다. 70 가까이 살면서 마음의 상처를 받을 때도 있었다. 생각지도 못했던 상처는 주로 가까운 사람에게서 받는다. 사실 가깝지 않으면 서로 상처를 줄 일도 받을 일도 드물다. 오히려 가까운 사람, 믿었던 사람, 좋아하는 사람에게서 훨씬 상처받는 경우가 많다. 그래서 믿고 좋아했기 때문에 상처의 깊이도 그 만큼 깊고 크다.

그렇게 입은 마음의 상처는 쉽게 잊혀지지 않았다. 잊으려 하면 할수록 더 또렷하게 떠오른다. 그럴 때 가장 필요한 것은 누군가의 위로가 아닐까 싶다. 사람에게서 받은 상처는 사람으로 치유될 수 있다고 하지 않던가? 이렇게 사람은 서로 위로하고 기대지 않으면 살아갈 수 없는 존재라는 생각이 든다.

나팔꽃이 담벼락에 기대어 피어나고, 옥수수들이 대궁에 기대어 알알이 익어 가듯이 사람들도 서로 기대고 의지하며 살아갈 때 제대로 살아갈 수 있지 않을까 싶다.

정현종의 시에서처럼 말이다.

- 우리는 모두 불완전한 존재입니다. 누군가에 기대지 않으면 살 수 없습니다. 누군가의 어깨에 기대어 울 수 있는 사람이 있어야 몸이 살고 영혼이 삽니다. 그래서 서로 기대고, 보듬고, 품고, 어루만지고, 쓰다듬으며 살아갑니다. 아니면 금방 쓰러지니까요 -

오늘따라 그의 시는 그저 시가 아니고 큰 징소리가 되어 내 마음을 심하게 울리고 있다.

낙서

잊어야 할 일이 잊혀지지 않고 마트료시카 러시아 인형처럼 자꾸만자꾸만 또 떠오르고 또 떠오를 때 난 불행하다. 도통 무슨 말인지 모르겠는 시를 읽을 때 나는 불행하고, 태풍에 휩쓸려 흔적도 없이 날아가 버린 갈색차양 때문에 늙은 나뭇가지 같은 뼈대만 보고 있을 때 나는 불행하다. 가끔 둥둥 영혼을 헛딛는 기분이 들 때 나는 불행하고, 포장마차 앞에 낮이면 어김없이 나와 앉아 있는 할머니의 엉기고 냄새나는 머리 위에 햇살이 꽂혀있을 때 나는 불행이라는 단어가 떠오른다.

저녁을 달려온 전철이 승객을 벌레처럼 잔뜩 집어 삼키고 훌떡 떠나버릴 때, 초록빛 나뭇잎이 까맣게 기미를 안고 혼절하듯 추락할 때 불행이라는 단어가 생각나고 여름내 애써 키운 고추들이 제대로 익지 못하고 허옇게 입술 부르터 지는 것을 바라볼 때, 숙취에서 깨어나지도 혈색을 되찾지도 못한 남자들의 응달 같은 얼굴과 아침에 마주칠 때, 거짓이라도 '수고했어, 고마워, 미안해.'

소리 한번 안 하는 사람들과 같이 있어야할 때 나는 진정으로 불행하다는 생각을 한다.

그러나 무엇보다 불행한 것은 매일매일 보도되는 추악한 뉴스를 보며 그 누구도 믿을 수 없는 험한 시대에 살고 있다는 데 생각이 미칠 때이다.

헛것

9월 하순의 아침이 무지 길다. 지나간 일들이 거미줄처럼 창틀에 매달리고, 실핏줄 같은 푸른 그림자가 어제인 양 유리창에 드리워졌다.

아침 일찍 내 젊은 영혼은 짧은 주름 스커트에 줄진 반스타킹을 신고 팔호광장으로 걸어 나갔다. 광장 가득 쏟아져 내리는 빛을 보고 잠시 최인훈의 광장을 떠 올리다 명동으로 향하는 왼쪽과 봉의산 뒤편으로 향하는 오른쪽 갈림길에서 한참을 서 있었다.

왼쪽으로 가면 육림극장을 지나 명동 입구 거북당 앞을 지나 미미다방, 대영다방을 거쳐 전원다방 앞에 서게 될 터이고, 오른쪽으로 가면 걷고 걷고 또 걸어 소양강다리 앞에 서있게 될 것이다.

신입생 오리엔테이션 때이던가? 환영회 때인가? 돌아가며 자기소개를 하는데 검은 물을 들인 군복차림의 선배는 고독을 좋아한다고 했다. 그 순간 얼마나 멋진 말이었던지 파랗게 젊은 내겐 그가 달리 보였다.

어떻게 그를 만났는지 기억에 없다. 다만 비오는 날 그를 따라 비닐우산 하나 없이 걸었던 그 길이 바로 오른쪽 길이었다는 것밖에…….

그날 난 순수와 순진을 순백색 레이스처럼 온몸에 잔뜩 단 채 땅만 보고 걸었고, 그저 그의 말을 듣기만 했다. 쉴 새 없이 검은 군복은 많은 말을 했는데 그 말이 전혀 기억에 없다. 어쩌면 난 설렘 반, 당혹스러움 반으로 아무 말도 듣지 못했던 것 같다. 그의 목소리만 울릴 뿐 내용은 귀에 들어오지 않았다. 아니면 그의 수많은 말들은 내게가 아닌 소양강에, 아니면 비 내리는 허공에 했는지도 모르겠다. 그건 함께 걷고 있었지만 뭔지 허전했고, 그의 말들이 둥둥 떠다닌다는 생각이 들었기 때문이다.

결국 생쥐처럼 젖어 버린 내겐 그 시간이 이미 설렘과 당혹스러움을 넘어 지루함이 되어버렸지만 손가락을 꼼지락 거렸을 뿐 끝내 바보처럼 아무 말도 하지 못했다.

아주 늦은 저녁 원점으로 돌아와 비에 푹 젖은 채 집으로 돌아왔다. 그리고도 몇 번 더 그를 만났었던 것 같다.

그 검은 군복은 지금쯤 어디서 무엇을 하고 있는지…….

오늘 아침 빛을 뿌리는 태양이 시간을 멈추고 내 영혼은 아직 팔호 광장에 갇혀 있다. 대리석처럼 단단한 기억을 깨고 광장 속, 환한 통증처럼 피어나는 꽃잎 하나가 헛것처럼 눈에 보인다. 순간 몸 속에 자라던 별들이 모두 조각나버렸다.

무제(無題)

이제 겨울도 그 끝에 매달려 있다.

등 따신 아랫목에 누워 늦잠을 자고 일어나, 느적느적 차 한 잔 준비해 거실에 앉았다. 무심코 바라본 닫힌 베란다 창 뒤에서 누군가 서성이는 듯하여, 창을 여니 숨어 있던 햇살 한 뭉텅이 내 앞에 쏟아지듯 튕겨져 들어와 그대로 길게 누워버린다.

지극히 햇살 좋은 아침, 눈부신 겨울 햇살 투명한 유리를 뚫고 들어온 그 자리에 깃 세운 바람이 달려들어 몸을 부수며 조각나 흩어지는 모습이 보인다.

부서지며 내는 바람소리 엄청나건만 뽀얗게 살찐 겨울 햇살 아랑곳 않고 내 발등까지 밀려들어 큰 발가락 하나 물고 핼금핼금 핥고 있다.

한 차례 다시 들려오는 바람소리에 부스스 눈을 드니 저편 앞 동(洓)과 이어신 전깃줄은 마치 줄넘기 줄처럼 속절없이 휘휘 좌우로 몸을 흔들어대고, 갈길 급해 떠밀리듯 흘러가는 뭉게구름……. 그것도 바람 때문이었을까?

늘 따사롭고, 늘 정겨워 가슴 저미는 글, 언제나 건강하라는 말 잊지 않고 곁들이는 글들이 구름에 새겨져 흘러가고 있다.

그 어떤 순간도, 그 어떤 일도, 관련되는 모든 것은 하나도 놓치고 싶지 않았다. 그러나 어차피 시작되어야할 새롭게 이어질 삶, 지나간 일 지금에 와서 무슨 소용이 있겠는가?

세월은 이미 그 몸을 바꾸고 저 만치 앞서가고 있는데, 수없이 방황하던 순간순간, 그저 함께 하는 모든 것, 가슴 벅차게 생각해야지.

짧은 인생, 모든 것 허상의 눈빛, 허상의 미소, 허상의 소리는 분명 아니었을진대……. 모든 것은 뿔뿔이 해체되어 내 앞에 부서지는 바람의 조각처럼 허무한 것은 분명 아니었을진대……. 고요한 숨소리 밤새 펴 올리며 깃 퍼득대던 그 시간, 그곳은 내게 태초의 둥지였다.

푹 잘 잔 이튿날, 아직 창밖의 모난 바람줄기는 나를 향해 달려들고, 내 감성들이 뽀글뽀글 끓어오르고, 기름 친지 오래된 옥상의 환풍기가 바람에 말려 탈탈거리며 까무룩 가라앉은 내 의식을 사정없이 건든다. 화들짝 놀란 나는 제일 먼저 놓았던 펜을 잡아든다.

투명한 햇살 속에 먼지처럼 잘게 부서지던 바람의 조각들은 환시(幻視)였던가?

나도 때론 까칠하게 살고 싶다

그렇게 춥지도 않으면서 그래도 겨울이라고 머물던 찬바람이 뒷문으로 잠방잠방 걸어 나가고, 한층 포근해진 햇살이 병아리 떼처럼 옹기종기 거실 한쪽에 모여 있는 아침이다.

모처럼 오늘은 햇살 드는 거실에 앉아 책을 펼쳤다. 책 제목은 『나는 까칠하게 살기로 했다』 였다. 얼마 전 딸아이가 책 2권을 읽어보라 내게 건네준다. 아는 언니가 다 읽은 책이라고 선물로 주었단다. 이 책이 바로 그 중 한 권이다. 두 권 중 이 책을 먼저 선택한 것은 제목이 마음에 들기 때문이었다.

까칠하게 산다?

정말 내가 집에서나 밖에서나 해보고 싶은 것이었다. 내가 알고 있는 까칠하게 산다는 건 상대방을 먼저 생각하기보다는 내가 하고 싶은 대로 말하고 하고 싶은 대로 행동하는 것이다. 그러나 젊은 세대에겐 모를까 우리세대에서는 별로 좋게 사는 것이 아니라는 걸 안다. 그건 까칠하게 산다는 건 상대방에게 상처를 줄 수도 있고 힘들게 할 수도 있다. 나아가 자칫하면 상대방에게 거부당할 수도 있다. 그래서 나는 까칠하게 살지 못했다.

우리는 어릴 적 누구에게나 잘 대해주고 어떤 일이 벌어져도 내가 참아야 한다고 은근히 강요당했다. 또 남 앞에서는 겸손해야하고 내 주장을 내세우기보다는 남의 이야기를 듣고 따라주는 것이 미덕이라는 교육도 받으며 자랐다. 거기다 내 주장을 솔직하게 말하는 습관도 안 되어 있었고 그런 정서에도 길들여 있지 않았다.

어찌 보면 실제의 나 자신보다 남에게 보여지는 나를 먼저 생각한 것이 아닌가 싶다. 겸손하고 내 주장이 강하지 않아야 착한 사람이고 괜찮은 사람이라는…….

과연 그것이 좋은 인간관계였을까? 이 책에서는 그걸 진심을 감춘 인간관계라 했다. 나도 내 진심을 감추고 살아왔는지도 모르겠다. 내 마음가는대로 말하고 행동하고 싶었는데도 그렇지 못했던 것은 무엇 때문이었을까?

그건 내가 내 주장만 말하면 상대방이 상처 받을 수도 있고 또 내 주장이 거부당할 지도 모른다는 불안감 때문이기도 했던 것 같다.

그래서 나는 주로 상대방의 주장을 따라주고 상대방이 하자는 대로 끌려 다녔다. 그러다 보니 때로는 상대방에게 맞추기만 하는 나 자신이 싫기도 했었고 인간관계가 버거울 때도 있었다. 드디어 이 책을 읽으며 까칠하게 산다는 것이 무조건 안 좋은 것만은 아니라는 것 알았다.

무조건 상대방을 따라간다는 건 나를 위해서나 상대방을 위해서도 좋은 인간관계가 아니란다. 상대방에게도 내 진심을 보여주는 것, 있는 그대로의 나를 보여주는 것이 중요하단다. 그런 인간관계라야 오래 간단다.

'상대방이 날 싫어하면 어떻게 하나?' '상대방이 상처 받으면 어떻게 하나?'하는 두려움을 모두 내려놓으란다. 인생은 그리 길지 않다. 그렇게 해서 이해하는 사람과는 더 기분 좋게 잘 지내고, 내 주장이 옳지 않다고 하는 사람 말은 들어보고 맞으면 내가 고치면 되고, 무조건 내 말을 싫어하는 사람은 그 사람과는 맞지 않는 것이니 멀리 하면 된다고 쉽게 생각하란다. 인생은 생각보다 짧으니까 말이다.

그리고 상대방은 몰라도 세상은 먼저 내 진심을 알아줄 것이란다. 좋은 말이다. 위안이 많이 된다. 이렇게 언제나 책은 스승이자 내 인생의 길잡이다. 인간은 때로는 나를 실망시키고 힘들게 하지만 책은 항상 답답해하는 나를 자유롭게 해주고 갈팡질팡하는 내게 중심이 되어 주고 언제나 그저 묵묵히 나를 받아들여주며 나를 편안하게 해준다.

나도 이제 때론 까칠하게 살고 싶다. 좋은 사람이 되어보겠다고,

좋은 아내 좋은 엄마가 되어 보겠다고 상대방의 주장만 따라주고 상대방이 하자는 대로 끌려 다니지 않고 때론 '싫으면 싫다', '아니면 아니다'라는 내 주장을 하면서 말이다. 다만 그 까칠함은 무조건 내 주장만 하는 무식한 까칠함이 아니라 상대방에 대한 이해와 사랑을 담은 건강한 까칠함으로 말이다.

내가 이렇게 까칠하게 살고 싶은 이유 중에 하나는 나 자신이야 말로 내가 가장 존중해야할 소중한 존재라는 것을 알았기 때문이다.

거실 한쪽에 모여 있던 햇살이 어느새 거실 가득 들어와 넘실거린다. 책장을 넘기는 내 손끝에서도 봄이 느껴진다.

'오늘도 책속에서 내 인생의 길을 얻었구나.'하는 생각에 잠시 잠기며 다 읽은 『나는 까칠하게 살기로 했다』라는 책장을 조용히 덮었다.

행복

본래 난 책읽기를 무지 좋아한다. 일하느라 밤을 새운 것보다 책을 읽느라고 밤을 새운 적이 더 많았으니 말이다. 이렇게 나의 책읽기 경력은 결혼 전 보다 후가 더 화려하다. 결혼 전보다 결혼 후 더 많은 종류, 많은 양의 책을 읽게 되기 때문이다. 사실 그건 우습게도 늘 늦게 돌아오는 남편 덕이었다.

결혼 초 아이도 없이 달랑 두 부부만 살 때 직장 일로, 또 친구관계로 늦게 들어오는 남편을 나는 매일 목매고 기다렸다. 그렇게 1년을 남편이 귀가할 때까지 잠 안자고 기다리다보니 나는 나대로 피곤하고 그렇다고 남편은 내게 미안해하기보다는 불편해 하면서도 늦은 귀가는 고쳐지지 않았다. 그때 내가 선택한 것이 책읽기였다. 나는 결혼 전 좋아하던 책읽기를 다시 시작했다. 정말 엄청나게 책을 읽었다. 남편을 걱정하며 목매 기다리지 않고 시간을 보낼 수 있는 일은 책읽기보다 더 좋은 것이 없었다. 그래서 그 시절 나의 책읽기는 불안으로부터의 도피였고, 또 내 삶의 구원이었다. 그러면서 나는 책에 집착이 생기기 시작했다. 집착은 소유욕으로 번졌고, 결국 난 좋아하는 책은 꼭 손에 넣어야하고, 넣고 나서는 남에게 빌려주지도 선물로 주지도 않는 편집 증세를 보였다. 다 읽은 책이라 할지라도 정 선물하고 싶으면 내가 한권 가지고 남에게도 같은 책을 구입해 선물했다. 이건 지금 생각해봐도 좀 심각한 증세가 아니었나 싶다.

요즘처럼 책을 빌려보기 쉬운 시대가 어디 있으랴.. 도서관에서, 마을문고에서, 직장에서, 심지어 군청에서까지 책은 무료로 빌려준다.

그래도 난 그 어디에서도 책을 빌려 본 적이 없다. 책을 빌리면 내 것이 아니므로 마음이 우선 편치 않고 돌려주어야한다는 강박감에 천천히 책을 음미할 수 없다. 책은 정말 한 줄 한 줄 음미하면서 읽어야한다고 생각한다.

난 속독을 하는 편이지만 가끔 내게 '팍'하고 느낌을 주는 글귀나 문장을 만나면 바로 책을 놓고 가만히 그 글귀나 문장만을 되 뇌이고 앉아있다. 집에서는 그럴 때 바로 책을 가슴에 얹고 그대로 눕는다. 그 아찔한 좋은 느낌이 달아날까봐 두려워하면서 조심조심, 그 글귀를 내 마음에 고스란히 담고 싶어서 말이다.

책이란 참으로 신기하다. 마음이 심란하고 고통스럽다가도 책을 읽다보면 금세 사라지게 한다. 그리곤 마치 사탕이나 초콜릿 같은 단것들을 피곤할 때 먹으면 입안에서 사르르 녹아갈수록 머릿속이 '쨍그랑' 소리를 내며 종소리 퍼지듯 맑아지는 것처럼 그렇게 내 몸 밑바닥 어디에선가부터 샘물처럼 퐁퐁 생기가 솟아나며 행복해진다. 이 또한 엄청난 위안이 아닌가?

아마 책읽기를 좋아하는 사람은 알 것이다.

나는 공지영의 『상처 없는 영혼』을 읽으며 사람에게 심하게 상처받았던 모든 것들을 치유했고 위로받았으며, 법정스님의 『무소유』를 읽고 나이가 들수록 아니 사람이면 내려놓을 줄도 알아야 한다는 것을 그대로 받아들이려 노력했고, 박완서의 『못가본 길이 더 아름답다』를 읽고는 나이 때문인지 완벽하게 공감했다. 지금 다시 생각해본다. 나는 책으로 구원받았는가? 적어도 내 인생의 반 이상은 그렇다.

온종일 햇살 없이 방안이 어둡다. 오랜만에 굴속 같은 집안에 들어 앉아 책을 읽는다. 혼자만의 간단한 점심을 먹고 미국으로 영어 연수 다녀온 선생님이 시애틀 스타벅스 1호점에서 샀다고 선물한 커다란 머그잔에 커피 그득 담아 마시고, 난 책을 읽는다. 허전한 목 주변에 비싼 머플러를 두른 것처럼 나만의 따뜻한 사치를 누리는 기분이다.

저녁 무렵, 읽던 책을 덮고 거실 창을 여니 기운이 차다. 무엇에 놀랐는지 갑자기 빈가지에 앉아있던 새들이 하늘로 하얗게 날아오른다.

나는 감히 이렇게 말하고 싶다.

"남들도 살다보면 다 힘들고 고단해라는 말마저 위로가 되지 않을 때 한번 책을 읽어보라고. 조금은 아니 많이 나아질 테니까……."

5부

따뜻한 사람들

어느 봄날의 일기

봄이 오고 있는 건 확실하다. 아른아른 산수유나무 끝에 노란 꽃잎이 날개를 펴듯 얼굴을 내미는 모습이 곳곳에서 보인다.

지난 주 서울 수유리에 일이 있어 다녀오는데 길 따라 개나리가 노란 터널을 이루며 피어있는걸 보고 깜짝 놀랐다. 노랗게 핀 개나리들이 마치 등처럼 주위를 환하게 밝히고 있었다. 늘 영월보다 서울의 꽃소식이 빠르긴 하지만 그렇게 일찍 필 줄은 몰랐다. 다소 성질 급한 개나리겠지만, 3월 초에 개나리라니…….

미세먼지에 마음이 혼란스럽기만 했는데 그래도 그 속에서 어김없이 계절은 바뀌고 있었다.

재작년 코로나가 극성을 부리기 전, 아침나절 목욕탕엘 다녀왔다. 늘 그랬던 것처럼 혼자 등을 밀고 있는데 어떤 분이 다가와 등을 밀어주겠단다. 같이 밀자는 거냐 했더니 자기는 괜찮고 나만 밀어주겠단다. 아니 이럴 수가?

예전에는 의례히 목욕탕에 가면 모르는 옆 사람과 서로 등을 밀어주는 문화였는데 언제부터인가 그런 문화가 사라지고 요즘은 목욕세신사의 도움을 받던가 아니면 자신이 등까지 밀어야 한다. 모르는 분에게 내 등을 부탁하던 시대는 갔다.

그런데 이런 분이 있다니……. 당황스럽고 미안했지만 그의 성의가 고마워 선뜻 등을 맡겼다. 어찌나 정성껏 등을 밀어주시는지 고맙고 황송했다. 그래서 자신은 안 밀어도 된다는 그분의 등을 굳이 밀어드리며 몇 번이나 감사의 말을 전했다. 그분 덕에 마음이 갑자기 행복해졌다. 마치 생각지도 못한 멋진 선물을 받은 기분이었다. 덧붙여 다음엔 나도 혼자 등을 미시는 분 계시면 먼저 다가가 밀어드려야겠다는 생각을 했다. 이렇게 목욕탕에서도 인생을 배운다. 세상은 커다란 학교가 분명하다. 시간이 지난 후에도 참으로 고마운 분이라는 생각이 들고 또 들었다.

나는 요즘 사소한 일에 감격하고 행복해 하는 적이 많다.

나이가 들어가는 탓이 아닐까? 맞다. 나이가 드니 사소한 일에도 행복하다. 또 사소한 일에도 감격하고 사소한 일에도 서럽고 사소한일에 눈물이 난다. 문득 나이가 든다는 것은 마음이 약해지고 무언가의 상실이 아닐까하는 생각이 든다.

젊은 육체의 상실, 젊은 나날의 상실, 젊은 패기와 자신감의 상실, 반짝이는 꿈들의 상실, 눈부신 관심의 상실, 푸르른 사랑의 상실. 나이가 든다는 건 많은 것을 잃는다는 것. 잃고 나니 사소한 것에 행복해하고 감격하고 고마워하고 눈물 나는 건 아닐는지……. 그래서 나이가 들면 위안이 필요하고 위안을 갈구하는지도 모르겠다.

일기예보에는 오늘 비가 온다 했는데 아직은 준비 중인가 보다. 저 앞 산 아래 누군가가 회색빛 무명실로 구름을 짜 올리는지 한 덩어리씩 뭉텅뭉텅 구름덩이가 늘어가고 있다.

찐득찐득 묻어나는 젖은 바람, 그 아래 회랑처럼 길게 누워 흐르는강물 곁으로 고된 인생 같은 기차가 힘겹게 지나간다.

터덜 터덜……. 터덜 터덜…….

갑자기 바람이 나무 가지를 흔들며 불어대기 시작했다. 나뭇가지 쓸리는 소리가 끊임없이 아우성친다. 곧 비가 오려나 보다.

미세먼지보다야 봄비가 훨씬 낫지 않겠는가? 또 어쩌면 촉촉이 비 내리는 봄날도 그럴듯할 테니 말이다.

사람 사는 이야기

나는 가끔 혼자 다닐 때 차를 가지고 이동하는 것보다 버스를 타는 것을 좋아한다. 우선 이제는 시력도 많이 나빠지고 순발력도 떨어져 시내 운전 말고는 스스로가 멀리 가는 것을 꺼리기도 하지만 난 본래 버스 타는 것을 은근히 즐긴다.

특히 시골버스는 더 좋다. 그것이 조그만 정거장를 모두 들르는 완행버스면 더더욱 좋다. 그곳에서 만나는 시골 노인들의 정있고 진솔한 이야기를 듣는 것은 참으로 흥미로운 일이기 때문이다.

며칠 전에도 볼일이 있어 제천에 나갔다가 저녁 무렵 버스로 돌아오는 중이었다. 항상 그 시간이면 제천에 나갔다 돌아가는 노인들이 꽤 있다. 장보러 나갔다 오거나 허리 아프고 다리 아파 병원에 갔다 돌아오는 노인들이 대부분이다. 자리에 앉자 뒤쪽에 앉은 노인들의 대화가 귀에 들어온다.

"어디까지 가우?"

먼저 오른쪽에 앉은 할머니가 창가 쪽에 앉은 할머니에게 묻는

다.

“영월 가는데요. 할머니는요?”

“나도 영월가요. 영월 어디 사슈?

“오무개에 사는데요. 할머니는요?

“난 시내 살아요.”

그 뒤로 나이가 몇이냐, 아이들은 몇이나 두었냐? 남편은 있냐 없냐? 영월로 가는 한 시간 좀 안 되는 시간 내내 두 분의 대화는 쉬지 않고 이어진다.

창가 쪽 할머니는 60대 후반이라며 30대 후반에 아무것도 없이 혼자가 되어 고생고생하며 6남매를 키워 모두 출가 시켰단다.

그 옆자리에 앉은 할머니는 80대 초로 역시 일찍 남편을 여위었지만 집에 재산이 좀 있어 5남매 모두 대학까지 보내고 번듯하게 키워 출가시켰단다.

그런데 60대 후반 할머니는 혼자 살아온 것이 자식들이 잘해 보람 있고 후회가 없다고 했고, 80대 초 할머니는 이제는 얼마 남지 않은 재산을 달라고 떼쓰는 자식들에게 안 줬더니 모든 자식들이 의절을 하고 한 명도 집에 오지 않아 일찍 재가나 할 걸 후회가 막심하다고 했다.

비슷하게 살아오신 할머니들의 전혀 다른 심정을 듣다보니 더 궁금해져 난 숨을 죽이며 두 할머니의 이야기를 엿들었다.

오무개 사는 할머니는 시내 사는 할머니의 자식들이 못한다는 이야기를 듣고도 자신의 자식 자랑은 멈출 줄을 몰랐다. 제천 사는 딸네 집에 다녀오는데 자식들이 휴대폰도 새로 사주고 휴대폰비도 다 내주고 용돈도 돌아가며 준다고 신이 났다. 그럴수록 옆 할머니는 오무개 사는 할머니를 부러워하며 남의 자식들이 잘한다는 소리를 들으면 죽어버리고 싶다고 했다.

돈 한 푼 없어 고생하며 혼자 자식을 키운 오무개 할머니는 존경받고 사랑받고 대접받으며 살고, 혼자가 되었지만 돈 좀 있어 자식 공부 제대로 시킨 시내 할머니는 재산 갈등으로 지금은 자식들과 모두 의절하고 외롭게 살고 있다.

한 분은 행복하다고 자랑하고, 한 분은 불행해 죽고 싶다 하는 할머니들의 이야기를 들으며 생각이 많아졌다. 두 분 다 일찍 남편을 여의고 홀로 자식을 키우는 일은 결코 쉬운 일이 아니었을 것이다. 그럼 두 분의 행복과 불행을 결정짓는 것은 무엇이었을까? 바로 공들여 키운 자식들이었다. 살아가는 이유를 오직 자식만을 바라보고 살아온 할머니들…….

그래도 한 할머니는 다행히도 자식들에게 그동안 고생한 보상을 받고 있지만 한 할머니의 삶은 무엇이란 말인가?

오직 자식을 자신의 삶의 등불인양 바라보며 일평생을 살아온 할머니들의 인생이 남의 일 같지 않아 오래도록 마음에 남았다. 때로는 이렇게 생면부지의 사람들 대화를 우연히 들으면서 인생에 대해 다시 생각하게 되고 깨우침도 얻게 된다.

인생은 산수처럼 계산할 수 없다고 했다. 그래서 인생에는 정답도 없다. 어떤 삶이 행복한 것인지는 오직 자신만이 정답을 가지고 있다는 뜻일 것이다. 그러고 보면 누군가 행복한 삶은 자신이 만드는 것이라던 말이 떠오른다.

남이 만들어줄 때를 기다리지 말고 자신이 만드는 행복한 삶,

얼마 전 독일에서 30년 살아온 김영희라는 닥종이 인형작가의 책을 읽은 적이 있다. 이제 일흔의 나이가 된 그녀의 말은 늙으니 더 좋고 청춘이 아름답다 했다. 독일 법으로 열여덟 살에 성년이 된 아이들은 부모의 품을 떠난단다. 잘 났던 못 났던 취직을 했건 안 했건 모두 독립해 더 이상 부모에게 경제적으로 의지하지 않는다 했다. 그래서 아이들이 18세가 되면 엄마로서의 삶을 졸업하고 오직 자신을 위한 삶을 살게 된단다. 그래서 모든 아이들을 떠나보낸 그녀는 이제 인생의 전성기라 했다. 그러면서 일흔의 나이인 지금, 한 번의 사별과 한 번의 이혼의 아픔을 딛고 다시 또 다른 사랑을 꿈꾸고 있다고 했다. 얼마나 멋진 사고인지 내심 부러웠다. 우리네 정서는 그렇지 않아서 더더욱 부러웠는지도 모르겠다. 아직 우리나라는 자식에게 한평생 몸 바치다가 늙어서 버림받으면 모든 것을 잃어버렸다 생각하고 불행해하는 노인들이 많다.

집으로 돌아오는 길가에 벚꽃나무 가지 끝마다 어느새 꽃 봉우리들이 하나둘 꽃잎을 열기 시작하고 아파트 담장 밖으로 노오란 개나리가 노릇노릇 피어있다.

꽃들을 바라보면서도 내내 행복해하던 할머니보다 오지 않는 자식 때문에 죽고 싶다던 할머니가 자꾸 떠올랐다. 제발 자식들 때문에 나쁜 생각하지 말고 긍정적으로 오직 자신의 삶을 행복하게 잘 이끌어 가셨으면 하는 생각과 더불어 할머니의 노년에도 아름다운 꽃이 피길 바래본다.

아주 작은 봉사

그해 여름은 더워도 너무 너무 더워서 영원히 가을이 오지 않을 것 같았다. 바람조차 숨 막혀 차라리 불지 않는 것만 못했다. 그러던 어느 날 하루아침에 무더운 장막을 싹둑 자르고 아침 저녁 소슬한 바람으로 가을이 찾아왔다. 여름내 무더위로 불면에 시달리던 잡풀들이 선선해진 바람에 발딱 일어나며 정신을 차린다. 이렇게 여름에서 가을로 환승한 바람은 더없이 산뜻했다.

그렇게 어렵게 다가온 가을 어느 날이었다. 함께 외출했다 돌아오는 길에 남편은 문득 재능 기부를 하고 싶은데 그것도 나랑 같이 하고 싶다고 했다.

그렇게 말한 지 얼마 안지나 남편은 바로 어느 단체에서 무료로 문학 강의를 시작했다. 문학 강의를 시작하면서 그곳 사무국장이랑 이야기를 나누다 보니 검정고시반이 절실히 필요하다는 것을 알고는 내게 사회수업을 맡아달라고 했다. 그래서 나는 문학 강의 대신 중학교 고등학교 검정고시를 준비하는 분들에게 사회 수업을 시작했다. 이상하게 그때까지 영월에는 검정고시 준비하는 기관이나 단체가 없었다. 그래서 검정고시를 준비하고 싶은 분들은 제천까지 나가야 하는 번거로움이 있었다. 바로 그분들을 위해 재능기부를 하게 되었다. 그 뒤 나는 같은 단체에서 사회 수업을 재능기부하고, 남편은 같은 시간대에 문학 재능 기부를 했다.

사실 나는 처음 시작할 때 직장을 그만 둔지도 몇 년이 지났고, 나이도 벌써 60대 중반이라 내심 자신이 좀 없었다. 처음 수업을 시작한 날은 조금 설레기도 했지만 솔직히 부담이 되기도 했다 그러나 수업을 받으시겠다고 오신 나이 드신 분들의 열정에 가득 찬 눈빛을 보곤 생각이 달라졌다.

공부를 하시지 못한 것이 한이 되어 일찍 아내와 헤어진 아들의 손주 두 명을 뒷바라지하며 낮에는 식당에서 일하시면서 저녁에 배우고자 하루도 빠짐없이 나오시는 할머니, 방앗간을 하며 뒤늦게 공부를 해보고 싶어 부끄럽지만 왔다는 덕포 할머니, 그리고 이유가 있어 학교를 중단하고 검정고시로 고등학교를 진학하고 싶다는 남학생, 아이들에게 떳떳한 엄마의 모습을 보여주고 싶어 어렵게 공부를 시작해 벌써 초등학교 검정고시를 합격하고, 이제 중학교 검정고시를 준비하고 있다는 베트남에서 한국으로 시집와 두 아이의 엄마가 된 주부.

이분들은 공부할 시간이 없어 늦게 수업이 끝난 후에도 집에서

12시까지 공부하고 또 새벽에 일어나 공부한다고 하셨다.

배우시는 분의 열정에 내 작은 힘이나마 도와드릴 수 있다는 것이 참으로 기쁘고 뿌듯했다. 공부는 나이와 상관없다는 것을 그분들을 통해 알게 되었다. 문득 나이 가 많다는 이유로 망설이던 내 자신이 부끄러웠다.

얼마 전, TV에서 올해로 102세가 되신 김형석 교수님이 나오셔서 강의를 하시는 것을 보았다. 아직도 정정하게 강의를 하시는 교수님은 삶을 되돌아보면 인생에서 가장 중요한 시기가 60대부터 80세까지였다고 한다. 60대 부터가 사회적으로 가장 보람을 느끼는 시기였고, 인생을 보람 있게 살 수 있는 생산적인 시기였다고 회상했다. 그러며 60부터는 사회에 기여하려는 마음으로 살라고 했다.

또 나이가 든다는 것은 객관적인 삶이 아니고, 사회적으로 삶을 사는 것이라는 말씀에 공감했다.

직장을 퇴직하고 또 60이 넘으니 괜스레 주눅 들고 움츠려 들던 내게 교수님말씀은 큰 힘이 되었다. 그리고 많은 것을 생각하게 했다.

60대 중반에 시작한 아주 작은 봉사,

수업을 끝내고 남편과 함께 돌아오는 길, 청아한 가을 별빛이 우리 앞으로 우수수 쏟아졌다. 문득 행복했다. 이렇게 행복할 수 있는 것은 바로 이 아주 작은 봉사 때문이 아닌가 하는 생각이 들었다.

하여간 이 나이의 내가 다른 분들에게 도움이 된다는 사실 하나만으로도 즐거웠다.

혜광 스님의 행복한 삶을 사는 것은 좋아하는 일을 하는 것이 아니라 지금 하는 일을 좋아하는 것이라는 말씀이 떠오른다.

어느 노부부의 사랑

제21차 남북이산가족상봉 행사가 지난 8월에 진행되었었다. 상봉 대상은 남과 북 100명씩으로 65년 만에 혈육과 만난 남북의 가족들은 2박3일 간의 짧은 만남 끝에 다시 기약 없는 이별을 했다. 이산가족 대상도 아니면서 나는 이산가족 상봉행사에 관심이 많다. 늘 그랬지만 이번 이산가족 상봉행사도 다른 때와 같이 가슴 아프게 끝이 났다.

어김없이 이번에도 이산가족 상봉행사를 보면서 문득 작년 제20차 이산가족 상봉 행사장 풍경이 떠올랐다. 2차례에 걸쳐 금강산호텔에서 이뤄진 행사로 남과 북의 많은 형제자매와 부모자녀 또 부부가 재회하였다.

그 중 기억에 남는 것이 북측의 87세 한음전 할머니와 남쪽의 86세 전규명 할아버지의 재회 장면이다. 황해북도 개풍군이 고향인 전 할아버지는 6 · 25전쟁 당시 북한군에 끌려갔다가 남쪽에서 포로로 붙잡혔단다. 그때 북에 남겨진 아내는 결혼한 지 2년밖에 안 된 곱디고운 나이로 뱃속에는 아들이 자라고 있었다고 했다.

그러다 이번 행사로 65년 만에 재회하게 된 것이다.

다시 만난 전 할아버지는 "나 시집올 때 기억나?"하고 묻는 어느덧 곱디 고운 얼굴은 찾아볼 수 없고 주름이 깊게 팬 할머니에게 "이뻤지. 그러니까 결혼했지."라며 꿈결 같은 과거를 했고, 할머니의 손을 꼭 붙잡고 수없이 "우리 이쁜이, 우리 이쁜이."라고 말하면서 어쩔 줄 몰라 했다.

"우리 둘 다 죽지 않고 살아있으니 이렇게 보고 얼마나 좋아……." 남편이 말하자 아내는 "곧 둘 다 죽겠지 뭐."라며 침울하게 답하기도 했다. 헤어짐을 앞두고는 "지금 살고 있는 데가 어디라고 했지?"하고 묻는 남편에게 아내는 "물어 뭐해. 같이 가지도 못하는데."라며 '타박'을 줬다가 이내 "그래도 알아는 놔야지. 개성이지, 개성."이라고 답했다.

또 한 할머니가 남편의 귀에 얼굴을 바짝 붙이고 "영감 살아서 이렇게 보니 좋아. 영감 보지도 못하고 죽을 거면 내가 왜 산 거야. 원 풀었어."라는 말에 전 할아버지 역시 "나도 원 없어."라고 하기도 했다.

이런 저런 이야기를 나누던 노부부는 '작별상봉이 10분 뒤면 끝난다.'는 방송이 나오자 눈물을 참지 못하고 두 손을 꼭 잡은 채로 하염없이 눈물만 흘리던 모습이 아직도 눈에 선하다.

그러다 눈물을 멈추지 못하는 아내를 달래며 "차라리 안 만나는 게 더 좋았던 게 아닌가 싶어. 만나질 않았으면 이렇게 금방 헤어지지 않는 건데……."라며 헤어짐을 아쉬워했다.
그때 전 할머니는 눈물을 떨구며 "살아있는 거 알았으니 원 없어. 생일날 미역국 계속 떠놓을게. 걱정 말고 잘 가슈."라고 했고 이 말에 전 할아버지가 오열을 했다. 이렇게 노부부는 또다시 기약 없는 이별을 맞이했다. 보는 내내 나도 그만 함께 울었다. 이렇듯 사실 이별이란 그 어떤 이별이건 마음 아픈 일이 아닌가?

불과 함께 산지 2년이 채 안된 부부가 한평생을 잊지 않고 기다렸다는 것과 2박3일 간의 짧은 재회 후 헤어짐을 가슴 아파하는 모습을 보면서 요즘은 너무 쉽게 헤어지는 것은 아닐까 하는 생각이 들었다.

한국의 이혼율이 50%가 넘었고, OECD국가 1위라는 이야기가 많이 나온다.

정말 한국의 이혼율이 50% 가까이나 될는지는 몰라도 얼마 전 드라마를 보다 깜짝 놀란 적이 있다. 제법 인기 있는 주말 드라마인데 딸아이가 남자가 자기보고 "결혼할까"라고 말하더라 이야기를 꺼내니 그녀의 아버지는 그렇게 투미하게 말하는 사람과는 결혼하지 말라고 반대하는데 그녀의 엄마가 하는 말이 "결혼해라 하잘 때 해야지."라고 하면서 결혼했다가 아니면 돌아와도 된단다.

놀랍다. 전 국민이 보는 드라마에서 이런 대화를 한다는 건 정말 결혼에 대한 요즘의 추세가 많이 달라졌다는 것을 그대로 보여주는 것만 같았다.

쉽게 결혼하고 쉽게 헤어지는 것이 과연 결혼일까? 거기다 젊은 이들의 이혼보다 황혼이혼이 더 많다는 것이 더 더욱 놀랍다. 예전에는 얼굴도 못 본 결혼 상대자를 부모가 이어주는 대로 한평생 아끼고 살았다는 데 말이다. 지금은 서로가 좋아 선택해서 한 결혼인데 그렇게 쉽게 헤어진다니.

어찌되었건 헤어짐에도 분명 그럴 수밖에 없는 이유가 있겠지만 그 어떤 통계에서건 이혼율이 1위라는 것은 결코 자랑스러운 일이 아니다.

교황님도 이제는 결혼이 무가치한 세상이라고 말씀하셨다지만 만나고 싶어도 다시 만날 수 없는 어느 노부부의 사랑을 보며 떨어져 있어서 더욱 애절했는지는 몰라도, 또 시대에 뒤떨어진 나만의 생각일는지는 몰라도 모든 건 변한다지만 결혼만큼은 꼭 가치 있는 세상이 되어야 되지 않을까 하는 생각이 든다.

때론 추억도 아프다

추억이란 본래 바람결에 흔들리는 풀잎처럼 팔랑거리고, 뭉게구름처럼 편안하게 몽실몽실 피어오르기만 하는 것이 아니라는 것을 처음 알았다.

지난겨울이었다. 갑자기 부모님 묘소에 성묘하러 가고 싶다는 남편을 따라 남편 고향인 강릉에 갔었다. 말은 안했어도 부모님이 문득 그리웠나 보다. 나도 남편에게 말하진 않지만 돌아가신 어머니가 사무치도록 그리울 때가 있다. 그럴 때 성묘는 많은 위안이 된다.

부모님 묘소에 성묘를 하고 내려오는데 남편은 오랜만에 친구를 만나고 가고 싶다고 했다. 흔쾌히 그러라고 했더니 친구와 연락을 한 남편은 점심을 먹고 만나기로 했단다. 점심 먹으러 바닷가로 향하는 내내 남편은 차창 밖으로 펼쳐지는 풍경을 내다보며 생각에 잠겨 있었다.

누구에게나 고향이란 추억이 묻어있는 곳이다. 내게 원주라는 도시에 많은 추억이 있듯이 남편도 강릉에 많은 추억이 담겨있을 것이다. 바닷가에서 양식이 아닌 자연산 홍합으로 끓인 섭국을 맛있게 먹고 미리 약속한 친구를 만나러 갔다.

아주 어릴 적부터 한동네 같은 학교를 다녔다는 남편의 고향친구에게 만나자고 전화를 했더니 곧 바로 '바다가 좋으냐 산이 좋으냐' 묻더란다. 이미 우리는 바닷가에서 점심을 먹었던 터라 산이 좋다 하니 친구는 우리들을 산속 찻집으로 안내했다. 오랜만에 만난 남편의 친구는 왠지 많이 수척해보였다.

산 아래 자리한 찻집은 강릉에서 유명하다는 카페 본점으로 커피 공장하며 그 규모가 어마어마하게 크고 웅장했다. 그 유명한 찻집이 바로 바닷가에도 있고, 산 아래에도 있었던 모양이다. 촌스럽게도 커피 맛을 잘 모르는 나는 커피대신 차를 마시며 남편과 친구와 함께 이런저런 이야기를 나누었다. 그러다 이야기 끝에 글을 쓰는 이야기도 나왔다. 영어를 전공한 친구는 대학시절 영자신문 편집장까지 했다는 걸 보면 글에도 일가견이 있는 친구였다.

한참 머무르며 많은 이야기를 했다. 그리고 해 질 무렵 영월로 돌아오려고 카페를 나와 친구를 다시 데려다주러 시내로 나가던 중 남편 옆자리에 앉았던 친구는 문득 생각난 듯이 낮은 목소리로 얼마 전 자신의 남동생이 하늘나라로 갔다고 했다. 남편과 나는 다른 곳에서 이미 전해 듣기는 했지만 친구들에게 아무런 연락을 안 해 긴가민가했던 동생의 죽음을 우리에게 알리는 친구의 말에 순간 말을 잃었다. 어릴 적부터 남편과 한동네에서 함께 자랐던 동생이었다는데 친구들에게 연락조차 하고 싶지 않을 정도로 힘들었던 것 같았다. 바로 전날이 49재였다던가? 동생의 갑작스런 죽음, 얼마나 힘들었을까? 수척해진 친구의 모습이 이해가 갔다.

왜 연락 안했냐고, 힘들었겠다고 위로하는 남편의 말 뒤로 한참 동안 서로가 말이 없었다. 오랜 침묵 끝에 친구는 불쑥 "이번 동생 장례 때 동생 친구들이 문상 와서 이런 이야기를 하더라구. 내가 초등학교 때였어. 무슨 백일장에선가 큰상을 받은 적이 있었지……."라며 말을 꺼냈다.

"옛날엔 조회를 운동장에서 했지. 그때 그 상을 바로 운동장 조회 때 교장 선생님으로부터 받았어. 그리고는 누가 시켰는지 그 글을 전교생 앞에서 읽었었지. 그때 나는 울지 않고 글을 읽었는데 그걸 듣던 전교생들은 많이 울었었다고.. 아마 그때 동생 친구들도 울었었나봐……. 그 글 내용이 동생 죽은 이야기였거든. 어릴 때 또 다른 동생이 죽었었어. 그때 그 운동장에서 내 글을 듣던 동생 친구들이 이번에 문상 와서 그 이야기를 하더라고……. 많이 울었었다고……."

아무렇지도 않은 듯 이야기했지만 운전하는 남편 옆자리에 앉은 친구의 목소리는 분명 촉촉이 젖어 있었다. 너나 할 것 없이 누구나 어려웠던 시절, 친구네도 어려웠고 형제도 많았단다. 맏이였던 남편 친구는 그래도 공부를 뛰어나게 잘해 국립대학을 나와 유능한 영어교사가 되었다. 하지만 동생들은 다 자라지 못하고 죽은 동생도 있고, 컸지만 이번에 먼저 하늘나라로 간 동생도 있었다. 담담하게 말했지만 그가 얼마나 가슴 아파하는지는 뒤에 앉아서도 절절히 느껴졌다. 정말 슬프고 가슴 아팠다.

강릉시내 한 아파트 앞에서 친구를 내려놓고 우리는 영월로 향했다. 영월로 돌아오는 내내 아무런 말도 하지 않고 운전만 하는 남편은 무척 우울해보였다. 친구가 어릴 적 늘 함께 했던 친한 친구이기에 그대로 동생을 잃은 친구의 마음을 담아 인연의 몸살을 앓고 있는 듯했다.

남편 옆에서 나도 차창 밖만 내다보았다. 1월의 저녁은 부르지도 않았는데 일찍 찾아와 이미 온 사방이 어둑어둑했다. 어둠 속 저편으로 시골 초등학교 조그만 운동장 단상 위에서 백일장 작품을 읽고 있는 작은 소년의 모습이 자꾸만 눈앞에 아른거렸다.

지난날의 기억을 우리는 주로 추억이라 한다. 우리에게 추억은 대부분 아름답고 그립지만 그에게 추억이란 정말로 가슴 아픈 일이었을 것이다. 이렇게 때론 추억도 아프다.

돌아오는 길, 차창 밖 빈 가로수 가지를 뒤흔드는 바람의 등에서도, 어둠속 몰려 있는 검은 구름 위에서도 작은 소년은 홀로 서서 나직 나직 끝도 없이 계속해서 글을 읽고 있었다.

나의 영원한 남사친

아침부터 하늘은 낮게 내려앉아 있었지만 비는 내리지 않았다. 그곳으로 향하는 차창 밖은 가을 속에 푹 빠져 있었다.

정말 오랜만에 가는 길이었다. 그곳은 나의 영원한 그리움의 도시다. 가까워올수록 설레는 마음은 감출 수 없다. 어김없이 몸보다 마음이 먼저 그곳에 도착하고, 나는 어느새 대학에 막 입학한 어정쩡한 단발머리 여학생이 되어있었다.

정겨운 콧구멍다리를 건너 모임 장소인 펜션에 도착했다. 먼저 와있던 친구들이 큰 리액션으로 반겨준다. 언제부터인가 그들을 만나면 마음이 따뜻해지고 젤리마냥 말랑해진다.

1년만의 만남이다. 1년에 한 번씩 만나기 시작한지 벌써 10년이 훌쩍 넘었다.

11월의 춘천은 여지없이 깊고 아름답다. 내 젊은 영혼이 머물고 있는 곳, 그 시절 누구나 현실은 빛바랜 빨래처럼 구겨지고 가난했지만 마음만은 붉은 꽃잎처럼 싱싱하고 열정적이었다. 생각해보면 내 인생에서 가장 빛나던 때가 아니었나 싶다.

하나둘 친구들이 각지에서 모여들고 오늘의 호스트 친구는 우리를 닭갈비집으로 안내했다. 대학 때 가장 많이 먹어본 음식이 닭갈비가 아니겠는가?

문득 대학 시절이 떠올랐다. 남학생들 속에 여학생이 나 혼자라는 당혹감으로 힘들게 대학시절을 시작했던 때가 어제의 일만 같은데 어느새 48년 전이다. 혼자 많이 갈등했지만 지금 생각하니 그들과 함께 했던 대학시절이 있으므로 내 인생은 더욱 더 빛나지 않았나 싶다. 어려울 때나 기쁠 때 모두 함께 하는 그들은 언제나 진솔했고 지금도 한결같다.

항상 모이면 거의 똑같은 이야기지만 늘 처음 듣는 이야기인양 재밌어 하고 즐거워한다.

한 친구와 무슨 일로 같이 명동에 나갔다가 갑자기 나타난 경찰에 장발인 친구가 붙들려 닭장 같은 경찰차에 실려 가는데 일행이냐고 묻는 내게 모른 척 했다고 아직도 서운해하는 친구도 있고, 교양과목 시간으로 다른 과 친구들과 함께 강의를 들을 때면 내게 다가와 찝쩍대던 다른 과 친구를 다시는 못 그러게 손봐주었다는 친구도 있고, 여자인 나만 같은 고향 친구에게 떠맡기고 자기들끼리 즐겼던 미팅 이야기며 그때 솔직히 누구는 누구를 좋아했다느니 그녀가 지금 어디 사는지 궁금하다느니 그 시절 이야기는 언제나 끝이 없다. 그래서 우리 모임은 늘 1박2일로 진행된다.

우리는 지나간 일들을 서로 신이 나서 퍼즐 맞추듯 흩어진 기억의 조각들을 맞추곤 했다. 우리들 머릿속엔 추억이 날아다니고 가슴엔 젊음이 되살아나 신이 났다. 늘 목마르고 때로는 흔들리기도 했지만 반짝반짝 빛나던 때가 바로 그때였다.

가끔 당구를 치다 당구비가 부족하면 돈을 꿔달라고 찾아오던 친구의 이야기도 단골메뉴다. 사실 지금에야 말할 수 있다. 장발인 친구가 닭장차에 실려 갈 때 아는 채를 못한 이유는 그 당시 나도 미니스커트를 입었기 때문이었다고 말이다. 자칫하면 나도 닭장차에 실려 갈 판이므로 얼른 그 자리를 피하는 것이 상책이었으니 어쩌겠는가? 그때는 사실 미안하기도 했지만 지금 생각하니 웃음이 절로 난다.

머리가 길다고 또 치마가 짧다고 경찰차에 실려 가고 횡단보도에서 신호등을 지키지 않은 사람은 경찰이 횡단보도 입구에 줄을 쳐놓고 그 안에 서있게 했던 시대, 요즘 아이들은 도저히 상상조차 할 수 없던 시절이 아니었나 싶다.

그런 시대를 살아온 우리들은 아직도 친구라기보다 동지애같은 그런 끈끈함이 있다. 우리는 가진 것 없어도 늘 꿈을 향해 당당하게 걸어 나갔고, 가끔은 불확실한 미래 때문에 살금살금 까치발을 내딛기도 했다.

참으로 까마득한 옛날이다. 그러나 그 시절이 있으므로 지금의 우리가 있다. 가난이 결코 부끄러운 것이 아니라는 것을 알고, 열심히 일하고 성실하면 어떤 것도 해낼 수 있다는 마음으로 평생 자신의 일에 최선을 다해 살아온 친구들이 바로 지금의 친구들이다.

문득 어쩌다 따라 갔던 '300이하 맛세이 금지'라는 글씨가 벽에 붙어 있는 당구장 풍경이 또렷하게 떠오르고, 자욱한 담배연기 속에서 심오한 표정으로 당구를 치던 새파랗게 젊은 친구들 얼굴이 보인다.

1박2일 동안 친구들과 과거로의 추억여행을 마친 다음 날 아침, 어느새 안개는 지난날을 담은 내 가슴 속 얼기설기한 그물을 슬그머니 빠져나가고, 붉은 해는 깊은 강바닥을 치며 일어서고 있었다.

친구들은 언제나 서로를 위하고 경조사에 만사를 제치고 열심히 참석해주는 것은 물론 좋은 일은 축하해주고 어려울 때면 위로하고 용기를 주며 큰 힘이 되어준다.

예전 내 출판기념회 때도 친구들은 어김없이 참석해 자리를 빛내주었다. 난 그 자리에 참석해준 친구들을 많은 사람들 앞에 당당하게 남사친이라 소개를 했고 그들은 큰 박수를 받았다. 48년 전에는 몰랐지만 지금은 내게 아주 든든하고 자랑스러운 친구들이다.

어느새 친구들 중 셋이나 우리 곁을 영원히 떠났다. 가장 푸르렀던 시절을 함께 했던 친구들의 이별은 그 어떤 이별보다 가슴 아프고 슬프다.

이렇게 재작년에 마지막으로 만나고, 작년에는 갑작스럽게 찾아온 불청객 코로나19로 모임 날짜까지 정했다가 만나지 못했다. 하지만 서로 문자를 주고받으며 하루 빨리 만나고 싶다는 우리 친구들은 십년 후 이십 년 후에도 일 년에 한 번씩은 꼭 얼굴보자고 약속을 한다.

고희를 코앞에 둔 이제야 나는 남사친들에게 고백하고 싶다. 그동안 표현은 못했어도 그 어떤 여자 친구들 못지않게 좋아하고 의지했었다고 말이다.

그리고 앞으로도 무슨 일이 없는 한 인생의 저 먼 길 끝까지 그들과 꼭 함께 가고 싶다고 덧붙여 말하고 싶다.

모임 후 집으로 돌아가는 길 차창 밖 은행잎은 바람이 불때마다 빗물처럼 떨어지고, 소양강은 붉은 노을 한끝 얹고 그날도 그렇게 말없이 흐르고 있었다.

별이 된 그분

장마로 빗줄기가 오락가락하고 코로나가 극성을 부리던 8월말, 아이들의 큰 고모부님이 하늘나라의 별이 되셨다.

남편에게는 세 분의 누님이 계시다. 그분은 제일 큰시누이의 남편으로 내게는 아주버님이시다. 오래 투석으로 고생도 하시고 몇 번 병원 신세도 지셨지만 이렇게 훌쩍 떠나실 줄은 몰랐다.

평생을 군에 몸 담으셨던 아주버님은 늘 강직하셨지만 부드럽고 따뜻하셨다. 처음 결혼하여 낯선 시댁에서 가장 편안하게 대해주셨던 분이 바로 그분이었다. 부드러운 마음씨만큼이나 고운 딸을 일곱이나 두신 다복한 가정의 가장이셨고, 평상시 말씀은 별로 없으신 편이지만 가족 누구 이야기건 귀담아 들어주시고 힘든 일에는 가장 이성적이고 합리적으로 판단해서 알려주시던 분이 바로 그분이셨다. 그래서 그분 곁에 있으면 마음이 편안했다.

남편과 14살 이상이 차이나는 큰누나와 매형은 나와 남편에게는 시부모님과 마찬가지인 분들로 살아오면서 많이 의지했다. 일곱 명이나 되는 딸들에게 너무 과하지도 않고 그렇다고 부족하지도 않게 골고루 사랑을 나누어주시던 그분 댁에는 늘 웃음꽃이 피었고, 언제나 딸들은 아빠 앞에서 새처럼 재잘거렸다.

막내딸까지 모두 출가시키고 나서는 가족들이 다 모이면 스물일곱명이나 된다며 흐뭇해하시던 모습이 아직도 눈에 선하다.

돌아가신 날은 하늘에 거뭇거뭇 구름이 몰려오더니 이튿날 밤에는 하늘도 통곡하듯 앞이 보이지 않을 만큼 폭우가 쏟아졌다. 어찌나 쏟아지던지 발인인 다음 날 장지인 대전까지 가야한다는 생각에 은근히 걱정스러웠다.

그런데 그렇게 쏟아지던 폭우가 날이 밝자 언제 비가 왔었냐는 듯이 맑게 개었다. 다행이었다. 이른 아침 장례식장에 가족들이 모여 마지막 제를 올렸다. 아이들이 인사를 올리고 마지막 미망인이 된 큰시누이가 인사를 하는데 나도 모르게 눈물이 떨어진다. 미망인이라는 말이 가슴을 친다.

대전으로 떠가기 전 한 줌으로 변한 아주버님의 작은 유골함을 큰딸이 품에 안고 버스에 올랐다. 어릴 적 아빠 품에 안겼을 딸이었을 텐데 이제는 중년이 된 딸의 품에 안긴 모습에서 또 한 번 눈물이 핑 돌았다. 딸들에게 삶의 기둥이고 버팀이었을 그분을 생각하니 마음이 아팠다.

온갖 슬픔을 비로 쏟아냈는지 대전으로 향하는 창밖은 맑고 푸르기만 했다.

몇 시간 만에 도착한 현충원엔 그동안 말만 들었지 처음 가보았다. 아주버님은 군에 근무하실 때의 공적이 인정되어 대전 현충원에 모시게 된 것이다. 현충원 경내는 정말 넓고 넓어 모실 곳까지는 버스를 타고 이동해야만 했다.

미리 준비되어 있는 터에 큰딸이 아버지의 유골함을 담았다. 햇살은 따가웠고 바람은 한 점 없었다.

쏟아지는 여름의 끝자락 햇살 속에 푸른 하늘을 덮고 그분이 누웠다. 일평생 눈에 넣어도 안 아플 딸들로 행복하셨겠지만, 때로는 힘들기도 하셨을 고단한 몸을 눕히신 자리에 하나둘 딸들이 토닥토닥 흙을 올린다. 주변은 모든 것이 정지된 듯 고요했다. 예쁜 딸들을 두고 어찌 떠나셨을까 생각하니 울컥 햇빛멀미가 났다.

마지막 인사를 남기고 돌아서며 올려다본 하늘에는 몇 조각의 구름이 인생의 덧없음을 알리듯 시리도록 푸른 하늘에 강처럼 흐르고 있었다.

그분을 홀로 두고 떠나는 마음에 바람이 일었다. 가을이 말없이 오고 있었다.

남다른 후배

2021년 새해가 밝은지도 몇 달이 지나 어느새 3월이다. 늘 3월이면 학교를 떠난 지 10년이 가깝지만 여전히 나는 내가 새 학기를 맞이하는 듯 마음이 어수선하다.

학교에서는 3월이 가장 바쁜 시기가 아닌가 싶다. 새로운 학생들을 맞이하고 새로운 교사들을 만나는 시기가 바로 이 3월이다. 오래 한 학교에 근무하면서 많은 사람들을 만나고 헤어졌지만 유독 잊을 수 없는 선생님이 있다.

학교 근무시절 경제적으로 아주 어려운 때가 있었다. 남편이 나 몰래 좋은 일을 하려고 가깝지도 않은 지인의 보증을 섰다가 잘못되어 어그러진 적이 있었다. 그렇게 어그러질 때까지 나만 몰랐다. 주변 모든 사람들은 알고도 쉬쉬했고 남편은 혼자 그것을 막아보고자 애를 썼다지만 그만 터지고 말았다. 집은 압류당하고 봉급은 차압당했다. 그때서야 알게 된 나는 사방팔방 돈을 끌어 모아 해결하려 했지만 워낙 큰 돈이라 감당하기 어려웠다. 심각했다.

물론 남편은 괴로워했고, 처음 당하는 상황에 나도 매일매일을 눈물로 지냈다. 그냥 맨정신으로는 견딜 수가 없었다. 잘 먹지도 못하는 술을 이기지 못할 정도로 마시고 쓰러져 잠드는 날이 많았다. 그 누구의 말도 위로가 되지 않았다. 우리가 감당하기에는 너무 어마어마한 돈이라 생각만으로도 숨이 막혔다.

집안 분위기는 늘 냉랭했고 학교에서는 말을 잃었고 내 몸과 마음은 나날이 피폐해져갔다. 사는 것이 사는 게 아니었다.

그러던 어느 날 밤 불현듯 함께 근무하던 후배가 찾아왔다. 이제 막 대학을 졸업해 교직에 첫발을 디딘 아주 새까만 후배였다. 나와 같은 대학 동문이라 다른 교사들과는 남달리 생각하던 그런 후배였다.

그는 멋쩍게 말없이 앉아 있다가 부스럭거리며 속주머니에서 무언가를 꺼내놓았다. 돈이었다. 그것도 엄청나게 큰돈이었다. 그 돈이면 내게 닥친 어려움을 어느 정도 해결할 수 있는 그런 액수였다. 당황스럽기도 하고 그 돈을 받아도 되는지 몰라 마다했다. 그러나 후배는 급한 돈이 아니니 차용증서나 하나 써주고 조금씩 갚아도 된다며 돈을 방바닥에 내려놓고 가버렸다. 난 후배가 놓고 간 돈으로 염치없게 터진 일을 막았다.

나중에 알고 보니 그는 내게 자신의 진 재신을 내놓은 거였다. 정신없었던 나는 그렇다는 것을 한참 뒤에야 알았다. 후배의 돈은 과부의 은빛 한 전 같은 소중하고 귀중한 돈이었다. 이제 막 대학을 졸업하고 직장생활을 시작하는 그에게 큰돈이 있을 리 없다는 것을 닥친 일을 어느 정도 해결하고서야 깨달았다. 그가 새 직장을 얻고 월세로 집을 전전할 때 그의 아버지가 집 얻으라고 보내온 돈의 전부였다. 난 후배의 큰돈으로 일은 해결했지만 갚을 목돈이 없던 터라 정말 푼돈으로 돈을 갚았다.

몇 년 후 후배는 오래 같이 근무하지 못하고 다른 곳으로 떠났다. 그러나 난 그를 아직도 잊을 수 없다. 아니 영원히 잊을 수 없을 것이다.

그가 가진 것이 많아서 나를 도와주었다 해도 고마울 터인데 본인도 가진 것이 없던 그가 힘든 일을 겪게 된 선배를 도와주다니……. 그 당시도 고마웠지만 시간이 지날수록 더 더욱 고맙다는 생각이 절절하다.

늘 생각하고 있지만 각박하다는 요즘 유난히 그 후배가 떠오른다. 후배가 보고 싶다. 두 손 꼭 잡고 다시 한 번 고맙다고 말하고 싶다. 무엇보다 내가 그를 잊을 수 없는 가장 중요한 것은 그도 어려웠고 꼭 필요한 돈임에도 나를 먼저 도와주었다는 것이다. 그 후배는 언제나 내 마음에 가장 빛나는 커다란 사랑으로 남아있다.

6부
여행에서 만난 행복조각들

그 겨울, 태백산

이제 겨울이 끝났나 싶었던 몇 년 전 2월 말경이었다. 옛 동료들이 태백산을 간다며 같이 가자고 연락을 해왔다. 겨울이 되면서 산에 안간 것도 한참 된데다 바로 전날 밤에 태백산에 눈이 내렸었다는 뉴스를 보고 선뜻 마음이 내키지 않았다. 그러나 한편으로는 겨울산행을 하고 싶기도 했다. 잠시 망설이다 결국 가겠다고 문자로 답을 보냈다.

아침에 눈을 뜨니 창밖에는 또 눈이 내리고 있었다. 눈 내리는 날 했던 산행은 대학시절 이후 처음이라 가는 동안 걱정도 좀 되었지만 마음이 설렜다.

본래 태백산은 예로부터 하늘로 통하는 성스러운 산으로, 흰모래와 자갈이 마치 눈이 덮인 것 같다 하여 태백산이라 불리게 되었다는 유래도 있다. 그러고 보면 눈 덮인 태백산을 산행하는 것은 산행 중 최고가 아니겠는가?

유일사로 향하는 입구로 산행을 시작하였다. 처음부터 쭉쭉 뻗은

낙엽송 숲에 밤새 내린 눈으로 끝없이 펼쳐진 설경은 탄성이 절로 나오게 했고, 그림 같은 눈꽃 풍경은 우리의 발길을 멈추게 했다. 정말 곱고 신선하고 경이로웠다.

그 아름다운 풍경을 그냥 지나칠 수 없어 찍고 또 찍다보면 또 다른 설경이 발목을 잡고 오를수록 신비로운 풍경이 펼쳐졌다.

중간쯤이었을까? 태백산 안내 표지판 앞에서 70대 노부부가 가벼운 실랑이를 하고 있었다. 듣자하니 할머니는 더 가자하고 할아버지는 더 오를 의향이 없으신 듯했다. 할머니 혼자 한참을 우리일행과 오르시다 따라오지 않으시는 할아버지로 인해서 다시 돌아서 내려가시는 모습을 보며 등산을 싫어하는 남편 생각에 마치 나의 앞날을 보는 듯 하여 피식 웃음이 나왔다.

안내 표지판 앞을 지나 코너를 돌자 유일사가 내려다보이는 쉼터가 나왔다. 가파른 계단아래 펼쳐져 있는 은세계, 저 곳이 바로 설국이 아닐까?

문득 "국경의 긴 터널을 빠져 나오자 눈의 고장이었다. 밤의 밑바닥까지 하얘졌다. 신호소에 기차가 멈춰 섰다."로 시작되는 가와바다 야스나리의 雪國이 떠오르며 기차가 멈춰 서듯 우리 일행은 그 자리에 멈춰 섰다. 아늑한 계곡과 자그마한 사찰이 설국에 묻혀 있었고, 발아래 한겨울을 견뎌낸 이름 모를 풀들이 눈 속에서 우무(寒天)처럼 말갛게 얼어 있었다. 정말 소설에나 나옴직한 그 풍경을 무어라 표현할 수 있을까?

한참을 머물다 떨어지지 않는 발길을 돌려 눈 덮인 자작나무, 잎갈 나무, 물푸레나무 사이로 꿈길을 걷듯 걸어 오르니 눈 맞은 천년 주목이 우리를 기다리고 있었다. 싸락눈은 계속 내리고 모자 밖으로 나온 머리칼은 얼어붙어 마치 억센 갈퀴처럼 변해있었다. 오를수록 체감온도는 급격히 떨어져 잠시 장갑을 벗어도 금세 손은 얼어버릴 듯 시렸다.

그러나 두터운 눈을 마치 눈 화관인 양 머리에 이고 불로목처럼 당당하게 서 있는 천년 주목 앞에 서 있자니 무언가 전율이 느껴지며 언 몸이 녹는 듯했다.

천년 주목 앞을 지나 조금 오르다보면 설화가 만발한 주목군락지에 도달하게 되고 또 조금 더 걷다 보니 바로 태백산 정상 장군봉이 눈앞에 나타났다.

찬바람이 눈발을 가득품고 기다렸다는 듯이 달려들었고, 발을 떼어 놓을 때마다 사정없이 얼굴을 할퀴며 달아났다. 정상 그 끝없이 황량한 벌판에는 우주를 안은 성스러운 신비가 꽉 차 있는 듯 했고, 하늘로 향하는 문이 모두 열려있는 듯 했다.

간신히 줄까지 서서 기다렸다 장군봉이라 쓰여져 있는 지석 앞에서 사진 한 장씩 찍고 급히 비밀의 성전 천제단으로 발길을 옮겼다.

세상을 다 덮어버릴 듯한 순백의 기세가 무섭고, 하늘과 땅의 경계마저 모호한 벌판에 갑자기 햇살이 쏟아졌다. 마치 몽환 속을, 또는 진공 속을 걷는 것 같은 묘한 기분에 빠져들었다. 그때 벌판 저 끝 눈보라 속에 번쩍이는 섬광이 흰 눈 위에서 반사되어 튀어올랐다. 새로운 기(氣)가 몸 안에 가득 차오르고 있었다. 순간 정말 이곳에 오길 잘했구나 하는 생각이 들며 뿌듯하고 행복했다.

여전히 차가운 눈바람은 몰아치고 살갗이 아리도록 춥고 떨렸다. 체감온도가 족히 영하 20도는 넘는 것만 같았다.

우리는 급하게 망경사 방면으로 하산 길을 잡았다. 단종비각을 지나 망경사에 도착하니 벌써 등산객들이 사찰 앞뜰에 여기 저기 모여 점심을 먹고 있었다. 우리도 준비해간 컵라면으로 점심을 대신했다. 그 맛은 정말 기가 막혔다. 후식으로 커피까지 마시고 당골 광장을 향해 하산하려는데 어느새 눈은 그쳐 있었다.

언제 눈보라가 쳤냐는 듯이 바람도 잦아들고 햇살도 따사로웠다. 하산길 가지 끝에 달려있는 마른 나뭇잎에 소복하게 쌓인 눈들은 탐스런 목화송이고 갓 피어난 목련이었다. 한 차례 예쁘다 아름답다 감탄하며 각자 휴대폰에 풍경을 담는데 우리 뒤를 따라오던 중년 부부가 일행에게 사진을 찍어 달라 부탁을 한다. 순간 나뭇가지에서 우수수 눈송이들이 떨어져 내리다 멈췄다. 그때 중년 부인이 내 옆에 서있던 지인에게 소리쳤다.

"다시 한 번만 더 나무를 흔들어 주실래요?"

"아니, 제가 흔든 것이 아니라 바람이었는데요?"

"아, 그래요?"

활짝 웃는 중년부부의 머리 위에 눈송이 대신 햇살이 한 움큼 내려앉는데 찰칵 셔터소리가 들렸다. 갑자기 그 모습에 마음이 훈훈해졌다.

사람의 마음을 넉넉하고 훈훈하게 만들어 주는 곳, 눈이 그쳤는데도 눈송이가 가는 실바람에 눈 내리듯 바람타고 날아다니는 곳, 가끔 층층이 버겁게 나무 위에 쌓여 있던 눈덩이들이 저절로 털푸덕 떨어져 놀래키는 곳, 태백산은 말이 필요 없다.

눈 내린 태백산을 오르는 일은 전혀 지루하지 않다. 곳곳마다 색다른 풍경에 혼을 놓기 일쑤다. 그 중 가장 압권인 것은 정상 부근 살아 천 년, 죽어 천 년을 간다는 주목군락이 연출한 풍경이다. 키 작은 주목들이 이룬 숲 위에 꽃처럼 피어난 눈꽃들을 보면 숨이 멈춰지고 정상에 오르면 그 성스러운 신비에 눌려 멈칫해지지만 세상을 다 가진 듯한 착각에 빠져들게 된다.

눈 오는 날 태백산에 가면 축복과 신의 은총을 한몸에 받는 기분이 든다. 또 그늘진 곳과 눈부신 곳이 음지와 양지의 조화로운 구도를 갖춰 감히 선뜻 범접할 수 없게 만드는 성스러운 곳이 태백산이다.

깊은 계곡에는 물결 같은 바람의 발길만 남아있는 흰 눈이 아직도 높게 쌓여 있고, 그 아래로 흐르는 물소리가 천상의 소리처럼 들리는 곳이 또한 태백산이다.

겨울 태백산은 무겁고 눅눅하던 내 정신을 말끔하게 정제시켜주었다. 산속에서 보이는 건 오직 눈뿐이었다. 그 속에 있는 것만으로 일상의 자잘한 걱정과 통증에서 벗어나 내 자신이 성큼 진화되고 있었다.

마음이 울적하거든 겨울 산을 가라.
외롭다고 생각되거든 겨울 산을 가라
아마 정제되고 성큼 자란 자신을 만날 수 있을 것이다.

늦은 밤, 잠자리에 드니 눈앞으로 흰 눈들이 하르르 하르르 떨어져 내린다. 눈 터널 저 끝으로 꽃잎 같은 노란색 빨간색 등산객들이 꿈길 걷듯 그렇게 산을 오르고 있었다.

다시 찾은 소매물도

딱 20년 만이었다. 재작년에 소매물도를 다시 찾은 것이…….

1999년 여름 방학을 이용해 딸아이 10살 때 남편과 함께 갔던 것이 어느새 20년이 지났다.

2년 전 지인 부부랑 남해, 거제, 통영 여행을 다녀왔다. 이번 여행을 떠나면서 그 어느 다른 곳보다 꼭 다시 가고 싶은 곳은 바로 소매물도였다. 그래서 떠나기 한 달 전에 이미 소매물도로 가는 배편을 예약했건만 떠나오며 일기예보를 확인하니 마침 그날 비가 온다는 소식이다. 그래도 일단 비가 와서 배가 못 떠나면 다른 곳으로 여행지를 바꾸더라도 배가 떠난다면 비가 와도 가보기로 했다. 남해를 돌아보고 거제에 도착한 늦은 밤, 일기예보를 맞추기라도 하듯 비가 내리기 시작했다. 그러나 아침에 일어나니 비는 그쳐 있었다. 그래도 비올 확률이 60%라니 배가 뜨는지를 확인해야했다. 이른 아침부터 남편은 미조항에 전화를 걸어 배가 뜨는지를 확인하느라 분주하다. 우리는 비가 오면 배가 못 뜨는 것이라 생각했는데 비가 문제가 아니고 바람으로 풍랑이 일면 배가 못 뜬단다. 그래서 11시 출발하는 배도 날씨상황을 봐서 10시가 가까워야 출항 여부를 알 수 있고 돌아올 수 있는지는 10시 반이 되어야만 알 수 있단다. 일단 소매물도로 가는 11시 배를 탈 수 있나 알아보기 위해 우리는 한 시간 전에 미조항에 도착했다.

가는 길 도로변 동백나무 잎들이 아침햇살에 반짝이고 일찍 핀 동백꽃들은 붉은 얼굴을 초록빛 나뭇잎 사이로 수줍게 내밀고 있었다. 높은 길에서 내려다보이는 바다는 마치 호수처럼 잔잔하고, 띄엄띄엄 보이는 섬들은 삶의 쉼표처럼 여유로워보였다. 동해바다랑은 그 운치가 다르다.

다행히 미조항에 도착해서도 비는 내리지 않고 바람도 없어 배는 출항했다. 단 그날 소매물도에서 돌아 나오는 마지막 배는 풍랑에 대비해 2시 30분이 막배란다.

배에 오르니 20년 전 일이 어제의 일처럼 떠올랐다. 그때는 여름 휴가철이라 어찌나 사람들이 많던지 배에서 내려 사람멀미로 고생을 한 기억인데 우리가 타고 가는 배는 정말 큼직한 배로 겨울철이라 가는 손님도 몇 명 되지 않아 참으로 넉넉했다.

50분이 채 안 걸려 소매물도 선착장에 도착했다. 시간은 낮 12시가 다돼가고 있는 중이라 아침 먹은지도 얼마 안 되고 이곳은 물가가 비싸다는 정보를 알고 온터니 편의점에서 점심으로 사발면 하나씩 먹고 가기로 했다. 정말 정보대로 사발면 하나에 3,000원씩이었다. 배삯을 받고 물건을 운송하다 보니 그럴 수밖에 없단다.

10년 전 이곳으로 여행 왔다가 이곳이 좋아 아주 머물러 살게 되었다는 싹싹하고 예쁘장한 여주인에게 우리는 20년 만에 다시 왔다며 이런 저런 궁금한 이야기를 물어보았다. 그때는 가구 수가 20가구라 했는데 지금은 몇 가구가 사냐고 물으니 11가구인데 실제 사는 건 해녀들이 사시는 9가구뿐이란다. 많이 줄었다. 그리고 그때는 등대섬까지 태워주는 배가 있었는데 지금은 없냐니까 그건 유람선도 아니고 낚싯배였다며 불법이라 지금은 운행하지 않는다고 한다. 우리는 그때 '등대섬'으로 가기 위해 조그맣고 허름한 낚시 배를 타고 갔었다. 배를 타고 가는 도중 얼굴이 햇볕에 검게 그을린 선장(?)님은 본인 아니면 듣지 못하는 이야기라며 섬 곳곳의 전설을 정말 실감나게 이야기 해주었었는데……. 그분은 아직도 이 섬에 살고 계실까?

그때는 다 배를 이용했지만 지금은 배가 아닌 망태봉을 넘어 물길 열릴 때 등대섬을 가곤 한단다. 마침 그날도 9시부터 2시까지 물길이 열리는 시간이라 점심을 먹고 우리는 등대섬을 향해 걷기 시작했다. 주인 여자 분은 2시 반이 막배라 시간이 많지 않으니 바로 직진하여 망태봉 정상에서 가파른 길로 내려가면 등대섬으로 가는 물길이 열려 있을거라 알려주며 등대섬까지 오르면 배 시간에 못 맞출지도 모르니 물길까지만 보고 돌아오라 이른다.

우리 일행은 가파른 산길을 오르기 시작했다. 산길을 오르며 보는 작은 밭에는 어느새 마늘 잎, 섬초, 봄동이 한창 자라나고 있었고, 오르는 돌계단 사이사이마다 파랗게 풀들이 살아 올라오는 모습이 정말 정감어려 어릴 적 걷던 고향 길을 걷는 기분이었다. 마치 고향으로 가는 봄길 같았다.

얼마쯤 올라 뒤돌아보니 눈앞에 펼쳐지는 바다가 한눈에 들어온다. 코앞의 작은 섬과 이곳을 향해 달려오는 커다란 배가 그려놓는 흰 물거품은 그 누구도 흉내 내서 그릴 수 없는 한 폭의 멋진 그림이었다. 입에서 탄성이 절로 나왔다.

그 아름다운 풍경을 외우기라도 해야 하듯 가다 뒤돌아보고 가다 뒤돌아보며 152m 망태봉에 도착했다. 야트막한 산 위에서 그곳으로 오르는 길은 나무 계단으로 되어 있고 오르는 길가에는 제법 동백꽃도 많이 피어 있었다. 오르다 계단 중간쯤 돌아서서 바다를 바라보았다. 바다로부터 산속 숲을 거쳐 불어오는 바람은 녹차 맛처럼 산뜻했다. 어디선가 맑은 새소리도 종소리처럼 울려왔다. 바로 이곳이 낙원이구나 싶은 생각이 저절로 들었다. 망태봉에 올라 공사 중이라는 안내문과 함께 휴관 중인 매물도 관세 역사관 건물을 지나 등대섬 가는 길 표지판이 보인다. 길을 따라 잠시 걸어 망태봉 전망대에 서니 산 위에 하얀 등대가 있는 등대섬이 모습을 드러냈다. 그곳이 20년 전 아름다운 동화 속 보물섬이라 생각했던 바로 그 등대섬이었다. 사진 몇 장 찍고 우리는 등대섬을 향해 걸어 내려갔다. 내려가는 길은 제법 가팔랐지만 20년 전 그때를 떠올리며 발길을 재촉했다. 그때는 없던 나무 계단 길이 바닷가 끝까지 길게 이어졌다. 점점 빨라지는 발걸음으로 바로 등대섬 앞 물길까지 도착했다. 마침 물길이 열리는 시간이라 등대섬으로 향한 길이 그대로 드러나 있었다. 순간 바다 건너 등대섬쪽으로 바다낚시를 하고 있는 젊은 남편이 보이고, 수영복을 입고 신나게 물놀이 하며 깔깔거리는 어린 딸아이의 모습이 보였다. 참 그날은 비도 잠시 내렸었지……. 보슬비가 안개처럼 내리는 해무 속에는 작은 섬 바닷가에서 비를 피해 이리 뛰고 저리 뛰던 우리 가족과 행복한 내 모습이 확연하게 보이는 듯했다. 망각하고 살아온 지난날들이 머릿속에 일제히 동백꽃처럼 한 송이 두 송이 자꾸만 자꾸만 피어났다.

나도 모르게 허우적허우적 열린 바닷길을 걸어 나갔다. 통 바람으로 내 머리칼을 휘둘러 앞이 보이지 않는 열린 바닷길을 한참 걷고 있는데 사진을 찍어 주겠다며 뒤돌아보라는 남편 말에 놀라 돌아서니 우리 일행이 저만치 서있다.

그렇지 돌아가야지, 배 시간을 놓치면 안 되지……. 정신을 차려 걷던 열린 물길를 걸어 되돌아갔다. 아쉬웠다. 시간만 된다면 다시 등대섬 위까지 오르고 싶었다. 그곳에서 다시 그 옛날로 돌아가고 싶었다. 하지만 시간에 쫓겨 아쉬운 마음을 안고 역으로 부는 바람을 등에 지고 다시 선착장을 행해 걸었다.

딸아이와 함께 등대를 향해 올라가 섬 정상에서 바라봤던 세상, 같은 색의 바다와 하늘이 저 끝에서 만나고, 크고 작은 배들이 유유히 떠다니고, 주변 검은 바위에 뿌리를 박고 온갖 해풍을 견딘 소나무들이 푸르게 자라던 그곳, 절벽 끝자락까지 찾아온 바닷물이 얼굴을 부비며 푸르게 넘실대던 그곳, 우리와 바다와 하늘과 비가 하나가 되었던 그곳, 꼭 한 번 다시 그곳에 가고 싶었는데…….

2019년 겨울 2월의 한가운데, 다시 찾은 '소매물도'는 여전히 아름다웠다. 돌아오는 길은 가는 길보다 가깝다고 했던가? 배 떠나는 시간보다 훨씬 빨리 선착장에 도착하였다. 시간이 남아 처음에 들렀던 그 편의점에서 커피를 마시며 배를 기다렸다. 어느새 2시 반 배가 도착하고 선착장으로 향하며 남편은 편의점 여자 주인 분에게

"20년 후 또다시 올게요."라고 했다.

"그러세요. 백세시대니 또 오세요."라며 환히 웃는다.

배를 타고 돌아오는 내내 등대섬으로 환하게 열려 있던 바다 물길이, 그곳에 머물러 있는 젊은 날 나와 남편의 모습이 또 어린 딸아이의 모습이 눈앞에서 떠나질 않았다. 붉게 피어나던 동백꽃들과 함께 아주 오랫동안 말이다.

백두산 천지를 보다

3년 전 가을 한라산에 올라 백록담을 보면서 생각했던 것이 있다. 이제 한라산 백록담을 보았으니 백두산 천지도 꼭 봐야겠다는 것이었다. 그리고 드디어 재작년 7월말 백두산 천지를 보러 중국으로 날아갔다.

처음 도착한 목단강 공항은 여기가 공항이 맞나 싶을 정도로 주변이 허허벌판이다. 비행기에서 내려서 걸어 들어간 공항 안도 마치 우리나라 간이역만 하다. 에어컨도 한 대뿐이라 완전 찜통이다. 오랜 시간 걸려 입국심사를 마치고 기다리던 버스를 타고 백두산에 가기 위해 이도백하로 이동했다. 이동하는 길가에는 온통 옥수수밭이다. 가도 가도 끝이 없는 옥수수 밭 위로는 푸른 하늘에 구름이 꽃처럼 피어오르고 햇살이 눈부시게 쏟아지는 속으로 거짓말처럼 빗방울이 떨어지고 있었다. 5시간 만에 이도백하에 도착했다.

이도백하에 도착한 다음 날은 바로 서파 산문으로 1,442계단을 올라 백두산 천지를 보기로 한 날이라 저녁 식사 후 일찍 쉬었다.

다음 날, 백두산[2]을 가기 위해 이른 새벽에 호텔을 나섰다. 백두산을 가려면 셔틀버스를 여러 번 갈아타고 가야한다. 우선 첫 번째 셔틀버스를 타는 서파 산문에 도착했다. 이른 시간이었건만 벌써 셔틀버스를 타려고 기다리는 사람들이 엄청나게 줄을 서있다. 이곳 백두산 관광 지역 내에서는 개인차량은 금지고 환경 보호 셔틀버스로만 이동하게 되어있다고 한다. 한국인 관광객들도 드문드문 있지만 주로 중국인은 아이들에게 백두산의 정기를 받게 하려고 아이들을 데리고 백두산에 오르고자 줄을 서 있는 모습이 많이 보인다. 중국인들은 백두산 정기를 받게 하고자 아주 어린 아이들도 많이 데리고 간단다. 몇 번의 셔틀 버스를 갈아타고 마지막 버스로 천지를 향해 37호 경계비 주차장까지 산으로 오르는데 차창 밖 풍경이 동화 속 그림 같다. 맑고 푸른 하늘을 배경으로 길을 따라 피어있는 야생화는 꽃길을 이루고 있었다.

가는 내내 창밖 풍경으로 전혀 지루하지 않다. 도착한 37호 경계비 주차장에 주차되어 있는 차들과 사람들의 규모는 정말 상상을 초월할 만큼 어마어마하게 많다. 1,442계단을 오르려 계단 앞에 서니 문득 중국 천문산 999계단을 오르던 때가 떠올랐다. 그때는 지금보다 젊었을 때였는데도 그렇게 쉽지 않았던 기억이어서 1,000계단이 넘는 이곳이 처음에는 솔직히 부담스러웠다. 그러나 오직 천

2) 중국에서는 장백산이라 부른다.

지를 보겠다는 마음으로 오르기 시작했다. 그런데 생각보다 오르기가 그렇게 힘들지 않았다. 나무로 된 계단은 하나하나의 높이가 높지 않아서인지 다리도 심하게 아프지 않다. 사람들이 어찌나 많던지 사람에 치일 정도인데 거의가 중국인들이고 이상하게 외국인은 한국인인 우리들뿐이고, 다른 외국인들은 눈에 보이지 않는다.

우리나라 사람들은 백두산이 우리나라 선조들의 영혼이 담겨있고 아직도 우리나라 산이라 여기는 마음에서 백두산을 찾는다. 나부터도 말이다. 오르다 보니 사람을 가마에 싣고 힘들게 오르는 가마꾼이 있다. 그냥 혼자 걷기도 힘든 계단을 뚱뚱한 사람을 태우고 오르는 모습이 무척이나 지쳐 보인다. 편도 400위안이라는데 올라가는 가격이 더 비싸다고 한다. 비쌀 수밖에 없을 듯하다.

드디어 1,442계단을 다 올라 2,470미터의 백두산에 도착했다. 천지주변은 몇 겹의 사람들로 둘러 싸여져 있어 그 벽을 뚫지 않으면 천지를 볼 수 없었다. 남편과 나는 힘들게 두꺼운 사람의 벽을 뚫고 천지 앞에 섰다. 맑은 하늘 아래 천지가 눈앞에 펼쳐지는 순간 입이 저절로 벌어지고 탄성이 절로 나왔다. 갑자기 가슴이 먹먹해지고 그 어떤 말로도 표현할 수 없었다. 아무리 평지는 맑아도 이곳에는 흐려서 천지를 볼 수 있는 날이 1년에 10일 정도밖에 안 된다는데 내가 그 사진으로만 보던 천지 앞에 서있다니……. 감동이었고 꿈만 같았다. 한참을 말없이 천지만 바라보며 그 자리에 서

있었다. 천지와 주변 산이 또렷이 보이고 무수히 내리는 햇살로 물위는 사정없이 반짝이고 있었다. 지구상에 산정호수로 천지처럼 웅장하고 아름답고 큰 호수는 없다더니 그 말은 맞다. 정말 장엄하고 아름다웠다.

그래서 누군가 백번 와도 한 번 볼까 말까하다 해서 백두산이라 부르고, 백두산에 오르고도 천지를 못 본 사람이 천지라서 천지라 부른다고 했다. 그만큼 보기 힘들다는 천지를 바로 볼 수 있었다니 기쁘고 행복했다.

한 번에 넓은 천지를 다 담을 수 없어 파노라마로 찍고 나누어 찍기도 하면서 한참을 그곳에 머물렀다. 또 37호 경계비 앞면과 뒷면을 살펴보고 이곳저곳을 기웃거리다 아쉬운 마음을 안고 산을 내려왔다.

내려오는데 계단 옆 들판에 꽃들이 정말 예쁘다. 올라가는 길에 제대로 눈 여겨 보지 못했던 온갖 색들의 야생화들이 군락을 이루고 피어있었다. 꽃들을 감상하느라 언제 내려왔는지도 모르게 1,442계단을 내려왔다. 꽃들 덕분에 힘든 줄 몰랐다. 내려와서도 3대가 덕을 쌓아야 볼 수 있다는 바로 그 천지를 확실히 보았다는 생각에 내내 흥분이 가시지 않았다.

다음 날은 북파 VIP동로 관광코스로 백두산 천지를 또 보러가는 날이었다. 아침에 일어나니 그날도 전날처럼 날씨가 맑고 아주 좋다. 오늘도 또 천지를 보겠구나 하는 생각이 들었다.
이곳은 서파코스와 달리 관광코스 차량을 타고 천지까지 오를 수 있는 백두산 대표 코스다. 이 북파 코스는 가장 먼저 개발된 코스로 많은 관광객이 찾으며 천지, 장백폭포, 온천 지대를 볼 수 있는 백두산의 대표 코스라고 한다. 차량을 타고 올라갈 수 있도록 길이 개발되어 있어 편리하게 천문봉까지 올라가 천지를 조망할 수 있는 곳이 바로 이곳이다. 아침 일찍 우리가 타고 갈 차량이 직접 픽업하러 호텔에 대기하고 있었다. 그 차량으로 북파로 이동하다 중간에 여권검사 한번 하고 봉고차로 환승하여 또다시 달려 천문봉에 도착했다.
이때 그 봉고차가 얼마나 꼬불꼬불 산길을 급하게 달리던지 마치 놀이기구를 탄 것 이상으로 어지럽고 혼란스러웠다. 손잡이를 꼭 잡지 않으면 의자에서 떨어지거나 옆 사람에게 무조건 쏠린다. 내 옆자리에 앉은 분은 안전벨트가 망가져 수시로 바닥으로 떨어져 내려앉곤 했다. 한쪽은 낭떠러지라 가드레일을 쳐 놓았는데 그곳에 얼마나 많은 차량들이 부딪혔는지 찌그러지고 휘어져 내려앉은 모습이 보인다. 그 모습을 보니 은근히 겁이 나기도 했다. 그래도 무사히 천문봉에 도착했다.
내리자마자 바람이 어찌나 심하게 불고 춥던지 서있기 조차 힘들다. 이곳 날씨는 산 아래 날씨와는 전혀 관계가 없다. 바람 때문에 사진 찍기도 어렵다. 떠나기 전 백두산 날씨는 언제나 예측할 수 없고 또 수시로 변덕스럽다고 하더니 그 말이 딱 맞다.

전날 서파로 오를 땐 갑자기 비도 올 수 있고 춥다고 하여 우비에 우산에 긴팔까지 잔뜩 챙겨갔다가 더워서 고생만 해서 그날은 아무 것도 안가지고 가고 옷도 가볍게 입고 갔는데 완전 낭패였다. 어쩔 수 없이 중국 돈 400위안을 주고 남편과 하나씩 겨울 패딩을 빌려 입었다. 300위안은 보증금이고 한 벌에 50위안씩이란다. 중국 돈을 가져가서 다행이지 안가져 갔으면 얼어 죽을 뻔했다. 그건 중국 돈 외에 한국 돈이나 달러는 절대 안 받기 때문이다.

빌린 패딩을 입고 천지를 보러 오르는데 이곳도 서파 못지않게 사람들이 엄청나다. 대개 중국인들로 전혀 질서를 지키지 않고 순서도 없다. 간신히 이곳에서도 몇 겹의 사람들로 둘러 싸여있는 인간 벽을 뚫고 천지가 보일만한 장소에 섰다. 안개로 아무 것도 보이지 않는다. 떠날 때 날씨는 그렇게 좋았는데 이곳이 이럴 줄이야. 난 북파 천지는 못보고 가는 줄 알았다. 한참을 기다렸다. 그런데 그때 마침 바람과 함께 안개가 걷히기 시작했다. 서서히 모습을 드러내는 천지, 천지가 보이기만을 고대하고 있던 사람들이 일제히 소리를 지른다. 잠시 후 천지 전체의 모습이 드러났다. 서파에서 보던 천지와는 그 모습이 다르고 그 감동이 다르다. 서파에서는 그저 오르자마자 눈앞에 펼쳐진 천지를 보아서인지 감동이긴 했어도 이곳에서처럼 큰 전율을 느끼지는 못했었다. 북파, 이곳에서는 안개가 걷히면서 서서히 천지의 모습이 드러나는데 그것을 지켜보는 순간 온몸에 전율이 느껴졌다.

그러고 보면 모든 것은 쉽게 얻어지는 것에는 크게 고마움을 모른다는 말이 맞는가 보다. 문득 어렵게 얻어져 더 감동하고 고맙게 생각되는 것이 아닐까 하는 생각이 들었다. 천지를 보고 있는데 계속 어디에선가 피어오르는 안개와 그 안에 가득 담긴 신비스러운 천지의 모습을 보니 이 위대한 자연 앞에 난 그저 아무 것도 아니라는 생각이 들었다. 순간 우리는 너무 사소한 일에 매달려 큰 것을 보지 못하고 살아가고 있는 것은 아닌가 하는 생각도 들었다. 정말 많은 것을 느꼈다. 서파에서 보던 산뜻한 천지의 모습은 아니었지만 어렵게 안개 속에서 서서히 모습을 드러내던 북파의 천지가 내겐 더 멋진 천지로 기억되고 있다.

이렇게 두 번이나 천지를 보았다는 것은 쉬운 일이 아니란다. 한마디로 행운이란다. 지난해 백두산 천지를 보기 위해 떠났던 중국 여행은 그 어떤 여행보다도 뜻깊었다. 그리고 천지를 통해 그동안의 내 삶을 다시 한 번 깊게 생각해보게 만든 좋은 기회이기도 했다.

문득 생각나는 곳, 필리핀 보라카이

그때는 2001년 1월이었다. 원고지를 한 뭉텅이 싸서 여행용 가방에 넣었다.

"아무래도 가야겠어. 이대로 방학을 보내기엔 좀 아깝지 않니? 안 되겠어. 좀 더 색다른 곳에 가서 다시 읽어봐야겠어……."

며칠을 혼자 이리 생각하고 저리 생각하다 결국 나는 1월이 다 가고 있는 어느 날, 딸아이 손을 잡고 인천공항으로 향했다. 아침나절 길을 나서는데 그동안 기다려도 오지 않던 눈이 풀풀 내리고 날이 궂다. 그래도 웃으며 으레 그러려니 하고 따라나서는 딸아이가 고맙고 예쁘다.

자정이 가까운 시간에 도착한 아키노 공항에서의 입국 심사는 듣던 대로 매우 까다로웠다. 15세 미만인 딸아이의 입국 때문에 조금 시간이 지체되었다. 아무리 주민등록등본을 보여주어도 나와 딸아이가 모녀 관계인지를 계속 얼굴을 비교해보며 의심한다. 분명히 내 딸이 맞는다고 짜증스러워하는 나를 결국 패스시켜놓고도 뚱뚱한 필리핀 여자는 다시 한 번 나를 불러 확인한다. 자꾸 확인하면 뭐 한담, 딸이 맞고만.

공항을 빠져나오니 그 늦은 밤에 도로를 가운데 두고 양편으로 엄청난 사람들이 북적인다. 어디선가 불어오는 바람에 습기가 배어 있고, 갑자기 한 손에 걸쳐 든 오리털 잠바가 무겁고 끈끈하게 느껴졌다.

보라카이를 가려면 7시간이 남아있다. 마닐라의 예약된 호텔에서 잠시 눈을 붙이고 이른 조식을 한 후 일찍 국내선 공항으로 나섰다. 국내선 공항으로 들어서니 정말 근대적이다. 우리나라 시골 터미널 수준으로 피식 웃음이 나왔다. 조그만 경비행기를 타고 창을 내려다보며 마치 장난감을 탄 기분으로 까뜨리깐 공항에 도착했다.

야자수가 심한 바람에 못 이겨 머리채를 휘두르고 있었다. 한적한 아침나절, 나는 아무런 절차도 없이 그저 비행기에서 꺼내놓는 짐 보따리를 찾아 들고 뱃터까지는 얼마나 먼지 가까운 지를 알아보려 서서히 주위를 돌아보았다. 트라이시클 한 대를 불러 올라탔다. 주위의 풍경이 왠지 낯설지 않다. 잠시 후 도착한 뱃터, 걸어서 금방인 것을……. 모르면 어쩔 수 없지.

섬으로 가는 벙커선의 모습이 이색적이다. 모래밭으로 배를 올려놓으면 좋을 것을 저만치 바다 위에 떠 있게 하고 사공들이 자신의 어깨 위에 올라타란다. 후에 들으니 그들이 바로 '업어 맨'이고 그들은 팁을 받으려고 그렇게 한다는 것을 알았다.

배 양편으로 나무로 깎아 날개를 덧달았다. 물어보니 바람으로 배가 전복되는 것을 막기 위해 서란다. 바람은 불고 양편 날개가 파도에 부딪칠 때마다 튕겨 오르는 바닷물로 얼굴과 옷이 젖어 버렸다.

바다 저 멀리에 섬 하나가 눈에 들어오고 가까이 갈수록 눈에 띄는 것은 흰 백사장, 말로만 듣던 산호가 부서져 백사장을 이루었다는 화이트 샌드 비치, 멀리서도 눈이 시도록 하얗다. 긴 해변은 마치 금방 삶아 빨아 널어놓은 이불 호청 마냥 눈이 부셨다. 내리쬐는 햇살마저 반사되어 온 천지가 흰백색이다. 그 뒤 줄서 있는 야자수만 없었더라면 나는 그곳을 이 세상에 존재하는 섬으로 생각하지 못 했을 것이다.

끝없이 펼쳐져 있는 백사장과 잎 넓은 야자수, 보는 것으로도 마음이 들뜬다. 우선 미리 예약한 숙소를 찾아 짐을 풀었다. 숙소가 미리 알아본 대로 그림 같고 마치 동화 속 오두막집 같다. 융단처럼 깔린 잔디밭 사이로 풀장이 파랗게 자리 잡고 있다. 잠시 짐을 풀고 쉬었다가 해변으로 나섰다. 화이트 해변을 끝에서 끝까지 구경할 것 다 하면서 걷는 데는 불과 1시간도 안 걸린다. 다시 원점으로 돌아서는데 한국에 있을 때 보컬 그룹으로 활동했다던, 공항에서 알게 된 미스터리를 만났다. 반가워하며 우리에게 보여줄 곳이 있단다. 꺼려하는 딸아이와 잠시 망설이다가 정말 보기 드문 곳이라는 그의 말에 따라가 보기로 했다. 그는 유난히 알록달록한 옷들이 내걸려진 전통시장을 지나 뒷길을 빠져 우리를 트라이시클 정류장으로 데려갔다. 트라이시클이란 오토바이에 사이드카를 단 삼륜 자동차를 말한다. 필리핀에는 이 자동차 말고도 마닐라에 가면 현란한 색깔로 요란하게 꾸민 지프니가 거리를 메운다. 그리고 산티아고 요새에는 필리핀 마차 칼레사가 날렵한 모습으로 보는 것만으로도 중세에 온 기분을 들게 한다. 하여간 트라이시클은 한번 타면 요금은 5페소(125원)정도, 우리를 태운 트라이시클은 먼지 나는 흙 길을 달리기 시작했다. 그러다 도중 운전사는 구멍가게에서 석유를 됫병으로 산다. 무얼 하나 했더니 그 기름을 기름통에 붓는다. 옆자리에 앉아 그 모습을 보노라니 또 한 번 웃음이 나며 갑자기 아득하니 60년대로 돌아간 기분으로 현실감마저 없어졌다. 잠시 옛 생각에 빠지는데 우리를 태운 트라이시클은 금세 언덕을 돌아 섬 뒷켠 산 아래에 도착했다. 그때 길가로 학교에서 돌아오는 아이들이 눈에 띈다. 어딜 가나 내 눈에 잘 띠는 것은 학생들과 학교이다. 직업은 감출 수가 없는 것인지…….

초등학교부터 중학교까지 어느 학생들이나 교복을 입고 있다. 며칠 후, 마닐라에서 인트라무로스의 산티아고 요새에 갔다가 현장체험학습을 나온 학생들을 만났는데, 교복을 학생들 뿐 아니라 선생님들까지 똑같이 입고 있었다. 재미있어 보여 보고 또 보고.. 처음엔 이상하게 보이더니 어쩌면 학생들이 동질감을 느낄 수 있어 좋을 수 도 있다는 생각도 들었다.

미스터리가 10년 전에 이곳에 터를 잡고 직접 만들었다는 나무계단으로 산 위를 걸어올라 산을 넘으니 갑자기 눈앞에는 별천지가 펼쳐져 있었다.

통나무로 지은 예쁜 집, 집 앞의 넓은 통나무 발코니, 그 앞 언덕 아래로 가끔씩 일어서는 흰 물거품을 그대로 끌어안고 편안히 누워 있는 바다,

그 바다 위에는 윈드서핑하는 사람들의 모습이 마치 물 위를 나르는 나비 같았다.

이곳이 바로 윈드서핑을 위해 미스터리가 만들어놓은 장소란다. 안내를 받고 언덕 아래로 내려가니 어디선가 한국노래들이 들려오고, 반은 바다 위에 나와 있는 넓은 또 하나의 통나무 발코니가 커다란 나무들 뒤에 숨겨져 있었다. 세상에 이런 곳이 있다니……. 나는 넋이 나가고 말았다. 발코니 나무 의자에 앉아 넋 놓고 하염없이 앉아 바다를 향하고 있는데 필리핀 아가씨가 커피와 고구마를 내 앞에 갖다 놓는다. 유난히도 노오란 고구마를 먹으며, 바다에 홀리고, 윈드서핑하는 사람들의 모습에 홀려 나는 쓸데없이 들떠 있었다.

열대림 푸른 나뭇잎사이로 밀려오는 풋풋한 바다냄새, 푸른 빛 아름다운 이국의 바다, 그 위에 새겨지는 윈드서핑의 하얀 물자리…….

통나무 발코니에 앉아 홀린 기분으로 3시간을 보냈다. 언젠가 영화에서 본 곳 같기도 하고, 언젠가 꿈속에 갔던 곳 같기도 하고…….

딸아이가 조르지만 않았다면 나는 그가 하라는 대로 저녁까지 먹고 일어서려 했지만 딸아이는 내가 넋이 나간 지 이미 파악하고 나가자고 계속 졸라댄다. 하는 수 없이 시내 바다가로 나올 수밖에 없었지만 정말 그곳은 지금 생각해도 두 번 다시 가 볼 수 없는 환상, 그 이상의 별천지였다.

그날 오후, 보라카이 바다는 비가 오려는지 꿈틀거리고 있었다. 나는 딸아이와 한가롭게 한겨울 바다에 발을 담그고 앉아있었다.

하늘은 짙은 청빛 구름을 안고 저녁을 향하고 있었다. 온종일 청빛 구름 뒤를 넘나들던 붉은 햇살은 푸른 바다로 삼켜지고 있었다. 길게 끈을 달고 빠지지 않으려 안간힘을 쓰는 해덩어리는 끝내 주황빛 너울을 하늘에 드리운 채 자취를 감추었다. 검은 청빛 하늘에 바다로부터 쏘아 퍼지는 밝은 주황빛의 조화는 내 생애 처음이었다. 흰색 모래밭에 주저앉아 있던 나와 딸아이는 낮게 탄성을 지르고 있었다.

지금 한국에도 해가 지고 있겠지? 영월의 찬 겨울 햇살이 잠시 내 눈앞에 퍼지며 지나갔다. 같은 지구상에도 이렇게 동시간에 다름을 체험할 수 있는 것을 행복이라 이름 붙이기로 했다. 보라카이여! 살라맛(Salamat)[3]!

나와 딸아이는 보라카이 해변에서 간간히 전신 맛사지를 받으며 꿈같은 일주일을 보냈다. 정작 하려고 가져간 원고지는 몇 장 들쳐 보지도 못한 채 나는 매일 바닷가만 헤맸다. 그래도 나는 좋았다. 딸아이와 더 할 수 없는 행복한 시간을 보냈으므로…….

떠나오기 전 날, 밤새 보라카이의 바람은 섬 전체를 뒤흔들었다. 숙소 뒷켠 숲을 이룬 나무들이 바람에 부대끼며 소리치고 부성 대는 소리에 도저히 잠을 이룰 수가 없다. 몸을 뒤척이는데 가로등 불빛이 창틈으로 새어든다. 부스스 일어나 밖으로 나갔다. 풀장에 가득 담긴 푸른 물들이 사방에 갇혀서도 바람에 출렁여 곧 넘칠 것만 같다.

풀장 곁 야자수가 마른소리를 낸다. "배가 뜨지 못하는 것은 아닌가? 언젠가 필리핀에서 배가 전복된 뉴스를 본 적이 있는데……." 이것저것 쓸데없는 걱정에 빠져 밤을 샜다. 날이 채 밝기도 전, 자는 딸아이를 깨워 짐을 꾸렸다. 해변에 나갔는데 아직 배가 뜨려면 1시간은 기다려야한단다. 마지막이라는 생각으로 해변에 앉아 커피

---

3) 살라맛 : 필리핀 타갈로그어로 고맙다는 말

를 한잔 시켜 먹었다. 아침에 바다를 보며 마시는 커피 맛은 일품임에도 높이 치켜 오르는 파도를 보니 마음이 편치 않았다.

그래도 심한 바람, 높은 파도 속에서도 우리는 까뜨리깐 공항을 무사히 빠져나와 무더운 마닐라로부터 그날따라 유난히 추운 한국으로 돌아올 수 있었다.

돌아온 한국에는 설 준비로 만나는 사람마다 풍선만큼 들떠 있었고, 설날 아침 찾아간 경복궁에는 한국의 미가 그대로 묻어나고 있었다.

어느새 20년 전의 일이다.

삶과 죽음이 공존하는 곳, 갠지스강

내가 인도를 그렇게도 가고 싶어했던 이유 중에 하나는 바로 갠지스강 때문이기도 했다. 델리와 카주라호에서 며칠 머물다 바라나시로 가는 날은 시간을 줄이기 위해 국내항공을 이용했다.

바라나시는 인도에서 가장 오래된 도시이고 힌두교와 불교의 중요한 성지로 과거에는 빛의 도시라는 뜻의 카시라고도 불렸다고 한다.

사실 바라나시로 가기 전 몸 상태가 별로 안 좋았었는데 갠지스강을 본다는 기대 때문인지 도착해서는 정신이 반짝하게 돌아와 있었다.

점심때쯤 도착하여 숙소에 짐을 풀고는 저녁 무렵 사이클 릭샤를 타고 갠지스강으로 이동했다. 큰 길로 들어서자마자 도로에는 릭샤, 오토바이, 자동차, 툭툭이, 사람, 리어카가 모두 쏟아져 나와 있었다. 포장도 안 된 신작로에 온갖 탈 것들이 몰려들어 어찌나 혼잡하던지 정신이 하나도 없었다. 바로 부딪힐 듯 옆에서 자동차가 지나가고, 오토바이와 자전거가 뒤에서 쏜살같이 달려오는데 용케 서로 부딪히지 않고 잘 빠져 모두 제 갈 길을 향해 가고 있었다. 어느 누구도 먼저 간다고 얼굴을 붉히거나 짜증내지도 않았고 뒤차가 앞질러 간다고 욕하지도 않았다. 또 인도도 횡단보도도 없는 복잡한 찻길에 사람들이 차와 차 사이로 곡예를 하듯 차량 속을 뚫고 건너간다. 인도에는 인도가 없다더니 정말 인도에는 인도가 없었다.

내 정신은 이미 가출한지 오래고 거기다 끊임없이 나를 더 힘들게 했던 것은 크락션 소리였다. 지나가는 모든 탈 것들은 일제히 먼저 가려고 또 비켜달라고 소리를 냈다. 자동차는 클랙슨소리를 끊임없이 냈고 오토바이 툭툭이는 물론 자전거까지 하염없이 벨을 울렸다. 어쩌면 소리 나는 것이 고장 난 것들을 빼고는 낼 수 있는 경적소리는 모두 내고 있는 듯 했다.

릭샤 뒤에 앞으로 미끄러질 듯 불안하게 앉은 나는 어디를 봐야할지 무엇을 들어야할지 분간할 수 없고 그저 그 순간은 혼돈 카오스 그 자체였다. 그칠 줄 모르는 소음 속에 흙먼지와 차량에서 뿜어져 나오는 매연은 내 앞에서 연기처럼 뽀얗게 피어올랐다. 그래도 그 순간 그곳을 제대로 봐두지 않으면 영원히 후회할 것 같아 놓치지 않고 주변을 살폈다. 복잡한 도로 옆 소란 속에서 개들이 잠을 자고 있었고, 소들이 어슬렁거리고 어디론가 가고 있었다. 또

도로 변 상점에서는 차들이 지나가며 클랙슨을 울리든 말든 먼지가 나든 말든 물건을 흥정하고, 먹을 것을 만들어 팔고 또 만든 음식을 사먹고 있었다. 누구 하나 상을 찡그리는 사람들이 없었다. 그저 누구나 자신이 하는 일만 그대로 하고 있었다. 마치 전혀 그들에겐 이 소리가 이 먼지가 차단되어 있는 양 표정들이 평화롭기까지 했다. 내 눈에는 마치 그들 모두가 도인들 같이 신기해보였다.

한 50분을 그 혼란 속을 달려 힘들게 도착하자마자 갠지스강에서 바로 배를 타고 강 안쪽으로 흘러 들어갔다. 강가는 많은 사람들로 북적이고 있었다.

배안에서 바라본 강가 불빛은 오색 빛으로 아름답게 빛나고 있었고, 갠지스강의 밤은 고요히 깊어가고 있었다.

우리를 태운 배는 먼저 한쪽에 마련되어 있는 화장터로 흘러갔다. 화장터에는 여러 군데 불꽃이 타오르고 있었고 그 타오르는 불빛은 지금 화장을 하고 있는 중이란다. 꽤 많은 사람들이 강가 화장터에 모여 있었는데 그들은 모두 남자였다. 화장터에는 남자들만 갈 수 있다고 한다. 또 이 화장터에서는 24시간 화장이 가능하단다. 가까이 다가가 바라보고 있는 동안 마음이 갑자기 가라앉고 숙연해졌다. 모두가 아무런 말도 없이 숨죽여 그저 활활 타들어가는 불꽃만 바라보고 있었다.

나도 모르게 눈가가 촉촉해졌다.

삶과 죽음이 공존하는 이곳 갠지스강, 순간 삶이 아무것도 아니라는 생각이 들고 너무 허무하다는 생각이 들었다.

“정말 삶이 아무것도 아닌데 우리들이 이렇게 아등바등 살고 있구나…….”

아무 것도 가져 갈 수 없는 죽음, 한줌의 재로 강에 뿌려지는 삶의 마지막……. 그것을 모르고 때로는 욕심을 부리고 때로는 남을 부러워하며 만족을 모르고 살아가고 있다는 생각이 들었다. 자신을 돌아보고 누구나 반성하게 되는 곳이 바로 이곳 갠지스강이 아닌가 싶다.

특히 화장하기 전 은박지에 싼 시체를 갠지스강물에 닦고 있는 모습은 어찌나 비현실적이였던지. 지금도 생각하면 내가 잠시 꿈을 꾼 듯하다. 화장터를 지나 힌두교 제사의식 모습을 아주 가까이에서 생생하게 보았다. 어느새 밤하늘엔 달이 떠오르고 갠지스강은 무언가 묘한 분위기에 휩싸여 마치 시간은 정지된 것만 같았다. 과연 종교란 인간에게 무엇일까? 그들을 이렇게 빠질 수 있게 만든 힌두교의 근원은 무엇일까? 어찌 보면 인도사람들에게 힌두교란 종교가 아니라 생활인지도 모르겠다.

다음 날 이른 아침 아니 새벽 4시에 일어나 일출을 보기 위해 다시 갠지스강으로 향했다. 푸르스름한 새벽녘 갠지스강 입구에서 짜이를 한잔씩 마시고 다시 배를 타고 갠지스강안으로 노를 저어 들어갔다. 전날 밤 풍경과는 또 다른 모습의 갠지스강이 눈앞에 펼쳐졌다. 아직 해는 떠오르지 않고 푸른 새벽빛에서 연분홍빛으로 변해가는 갠지스강은 그냥 보통 강이 아니었다. 신비스럽고 아름다웠다. 전날 밤에는 볼 수 없던 갈매기들이 어디선가 몰려와 떼를 지어 날아다녔다.

우리가 띄운 디아라는 작은 꽃불이 새벽 붉은 여명 속에 꽃잎처럼 강물 따라 흘러 내려가고 있었고, 다시 찾아간 화장터에는 새벽에도 불꽃이 꺼지지 않고 타오르고 있었다. 다시 마음이 숙연해진다. 삶과 죽음이 공존하는 갠지스강은 분명 사람들을 빠지게 한다.

새벽부터 동쪽을 향해 기도하며 목욕하는 사람들, 또 빨래하는 사람들, 그리고 갠지스강물을 받아가 식수로 쓰기 위해 준비해 온 물통에 물을 담아가는 사람들, 그리고 화장을 해서 뼛가루를 갠지스강에 뿌리는 사람들…….

정말 무어라 한마디로 정의내리고 표현하기 힘든 곳, 사람들의 보통 상식으로 이해하기 힘든 곳, 그들에게 가장 성스럽고 살아생전 가장 가고 싶은 곳, 그곳이 바로 갠지스강이다.

인도 그리고 갠지스강 이곳은 과연 어떤 곳일까?

서서히 해가 솟아오를 때가 되어가자 온통 하늘이 붉게 물들기 시작하고 갈매기 떼들은 떼를 지어 날아올랐다. 참으로 그 모습은 말로도 글로도 표현하기 어려울 정도로 아름다웠다. 갠지스강에 뿌려진 수많은 영혼들이 갈매기가 된 건 아닐까?
누군가 강 속에 숨어 둥근 해를 밀어내듯이 해가 순간 불쑥 떠올랐다. 내가 이렇게 성스러운 갠지스강에서 붉게 타오르는 일출을 보게 되다니, 감동이었다. 강 가득 비추이는 아침 햇살 속으로 힌두교도들의 기도 소리와 그들이 부는 소라피리소리가 울려 퍼지고 있었다.
숙소로 돌아오는 내내 마치 어디다 영혼을 떨군 사람처럼 멍하니 창밖만 내다보았다. 먼지를 뽀얗게 뒤집어쓴 나무들도, 그 나무그늘아래 잠들어 있는 사람들조차도 왠지 그저 편안해보였고, 길가 화단 속에 무더기로 핀 흰 꽃들은 말갛게 아침을 맞이하고 있었다.
스트레스가 없고, 치매와 관절 환자가 거의 없다는 인도가 신기하다 못해 신비롭기만 하다. 다음에 기회가 또 된다면 난 이 갠지스강에 꼭 다시 오고 싶다.
거리에 수없이 돌아다니는 소와 개와 원숭이들을 사람들이 신경 쓰지 않고, 동물들도 사람을 신경 쓰지 않는 나라, 그저 그들은 동물들과 늘 곁에서 함께 살아가고 생활할 뿐이라고 한다.
거기다 인도는 빈부의 차가 어마어마하여 잘사는 사람들은 세계 10대 부자 안에 여러 명이 들어갈 정도로 잘 살지만 아직도 가난한 자들은 거리에서 구걸을 하고 거리에서 잠을 잔다. 그렇게 거리에서 잠을 자도 그대로의 자신을 인정하고 그저 편안하게 살아간다고 한다.

그래서 구걸하는 자는 있어도 소매치기나 남의 물건을 탐하는 자는 없는 나라가 인도이고, 행복 지수가 높고 자살하는 사람들이 없는 정신이 건강한 나라가 바로 인도란다. 알수록 매력 있는 나라, 신비한 나라, 역사가 찬란한 나라, 눈부시게 발전하고 있는 나라, 다녀온 지 한참이 지났지만 아직도 나는 신비한 인도에서 벗어나지 못하고 있다.

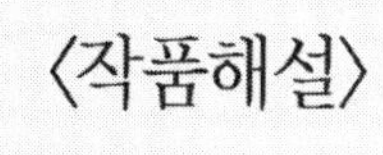

〈작품해설〉

'詩化된 산문'의 특징 속에 녹아든 휴머니즘

김 순 진(문학평론가 · 고려대 평생교육원 교수)

작품해설

'詩化된 산문'의 특징 속에 녹아든 휴머니즘

김 순 진(문학평론가 · 고려대 평생교육원 교수)

수필은 이론으로 해체하거나 설명하기 어렵다. 말 그대로 붓 가는 대로 쓰는 글이기 때문이다. 바꿔 말하면 이념을 전파하기 위한 이데올로기 글도 아니요, 그렇다고 해서 누구를 가르치기 위한 지침서도 아니며, 시처럼 재치를 요구하거나 번득이는 생각을 함축하는 것도 아니다. 소설처럼 장황하게 늘어놓으며 복선을 깔거나 위기를 조장하고 클라이맥스로 몰아갈 수 없는 게 수필이다. 그러기에 수필을 딱 무엇이라고 설명하기보다 '정말 좋다. 공감이 간다. 나도 그런 적이 있다.' 그렇게 맞장구칠 수 있는 수필이 좋은 수필이라 하겠다. 다시 말하면 좋은 수필이란 공감이 가는 수필이라는 말이다. 그런데 신혜영 수필가의 수필을 읽으면 모두 공감이 간다.

좋은 수필을 쓰려면 마음가짐을 온건하게 유지하여야 한다. 그래서 새벽이나 늦은 밤에 수필을 쓰는 사람들이 많다. 수필은 소설과 달리 경험문학이기 때문에 한동안 지난 일을 회상하면서 정리해야 한다. 직접 체험한 일을 육화하였을 때 많은 사람으로부터 공감을 받게 된다. 그런 점에서 신혜영 수필가의 수필들은 모두 경험에서 우러나오는 글들이라서 읽는 이로 하여금 간접경험을 유발시킬 뿐만 아니라 이미 같은 경험을 한 사람들에게 더없는 친구가 된다. 신혜영의 수필을 읽으면 높은 산의 정상에 오른 기쁨이나 활화산 같은 격정을 일으킬만한 큰 이슈를 느끼기 어렵지만, 너무나도 순수한 마음가짐으로 써내려갔기 때문에 잠자리에 들기 전 그녀의 수필을 읽는다면 입가에 미소를 띠우며 하루 일을 잊고 기분 좋게 잠들만한 특별한 감동의 글들이라 할 수 있겠다.

현대시가 자꾸 산문을 닮아가는 것처럼 현대수필은 시정신을 가져야 한다. 설명해서 말한다면 시처럼 아름다운 분위기를 창출해야 한다는 말도 되고, 꼭 시처럼 깔끔해질 필요는 없지만 억지로 늘려서 여백을 채우려 해서도 안 된다는 말도 된다. 한 말을 또 하고 또 해서 독자를 괴롭혀서도 안 되며, 미사여구로만 포장하여 독자의 마음을 흐려서도 안 되는데, 신혜영의 수필들은 꼭 하고 싶은 말만을 시적 감각으로 써내려갔다고 평가할 수 있겠다.

필자는 대학에서 오랫동안 시론과 수필론을 강의해왔는데, 사람들은 필자에게 '글 쓸 소재가 없어 걱정이다'라고 말한다. 그러면 필자는 '당장 당신의 주변에 있는 것부터 소재로 올려라'로 말해준다. 내가 살고 있는 곳 주변의 모든 것이 소재이며, 주부이면 주방에 있는 모든 물건들이 소재가 된다. 컴퓨터를 하는 순간에는 컴퓨터의 주변기기나 책상위의 물건들이 소재가 될 수 있다. 그렇듯 신혜영 수필가의 소재들은 일상생활에서 구해지고 있기에 더욱 소박하면서도 감칠 맛나게 우리를 흡수한다.

초등학교 학생을 둔 어떤 어머니가 아이의 여름방학의 일기를 잘 써 상을 받기 위하여 한 달 동안 박물관이며 명승고적 여행지를 여행하여 일기를 써갔다고 한다. 그런데 상을 주지 않자 선생님에게 따졌다고 한다. "선생님 왜 이렇게 많이 여행하여 일기를 써갔는데 상을 안주시는 겁니까?" 그러자 선생님은 "저는 일기 써오라 했지 여행 다녀오라 한 적 없습니다. 일기는 일상을 쓰는 것이지 일상을 꾸미는 것이 아니기 때문입니다."라고 했다고 한다. 신혜영 수필가는 일상을 전혀 꾸미지 않고 생활해온 그대로 써내려간 글들이다. 그런 글을 평론가들은 살아있는 글이라고 말한다.

모든 문학은 결코 현상만을 나타내서는 안 된다. 메시지를 주어야 한다. 바꿔 말하면 작가의 주장이 들어있어야 한다. 그것을 우리는 주제라 말한다. 더욱이 수필은 남녀노소 누구나 보는 것이며 현재의 사람들뿐만 아니라 수백 년 후의 자손들까지 보게 되는 글이다. 그런 만큼 글을 쓰려면 미래를 향한 희망의 의지가 들어있어야 하는데 신혜영의 수필들은 모두 하나 같이 희망의 메시지를 주제로 하고 있어 좋다. 그럼 이쯤에서 신혜영 수필가의 수필 몇 편을 예로 들어가며 차근차근 살펴보자.

마스크 없이는 외출할 수 없는 시대, 예전에는 영화에서나 볼 수 있던 그런 시대가 바로 요즘이다. 정말 어쩌다 이런 영화 같은 시대가 왔는지 정말 알 수 없는 일이다. 손주 녀석이 놀다 돌아갈 때 며늘아이가 손주에게 마스크를 씌워주며 이런 말을 한다. 얼마 전 그림책을 보던 손주 녀석이 그 안에 나오는 아이들을 보고 이렇게 말하더란다.

"엄마, 왜 이 아이들은 마스크를 안했어?"

예전에 나온 그림책 속에 아이들이 마스크를 하고 있을 리가 없다. 그런데 이 마스크를 안 한 아이들의 모습이 손주 녀석 눈에는 정말 이상하게 보이고 이해가 되지 않았을 것이다. 그 소리를 듣고 다 같이 웃었지만 사실 마음이 아프고 내심 많이 속상했다.

- 「왜 이 아이들은 마스크를 안했나요?」 부분

우리는 지금 엄청난 재앙에 휩싸여 있다. 이를 포스트코로나시대라고 한다. 이미 이런 재앙의 조짐은 10여 년 전부터 있어왔다. 지난 2002년 11월에 발생한 사스는 한국인이 3명 발생하였고 사망자는 없었다. 그러나 그때 우리는 거의 모든 병원의 출입문에서 일반인들이 자유롭게 드나들 수 없었다. 그리고 2009년에 신종플루가 발생하여 76만 명이 감염되었고, 270명이 사망한 것으로 집계되었다. 이후 2012년에 메르스가 발생하여 2015년 한국에서 유행하였는데 185명이 확진판정을 받아 38명이 사망하였다. 그렇게 호흡기로 인한 감염질환은 이미 3번이나 발생하면서 우리에게 대 유행의 조짐을 보이고 있었다. 그런데 우리는 준비하지 않고 있었던 것이다. 신혜영 수필가의 손자가 그림책을 보면서 "왜 이 아이들은 마스크를 안했나요?" 묻는 것을 어른의 입장으로 볼 때 참으로 미안하다. 코로나19로 인해 마스크를 쓰고 산 지 벌써 2년이 되어간다. 한창 성장기에 있는 아이들은 이제 마스크를 쓰는 것이 당연시되어있다. 어서 빨리 마스크를 벗고 살 날이 왔으면 좋겠다. 1300년대 초 중세시대에 중앙아시아에서 시작된 페스트라 불리는 흑사병은 1340년대 말 유럽으로 확산되었는데, 유럽 인구의 3,40%를 몰살시키는 엄청난 재앙이었다. 과거의 문명들은 대부분 외세에 의해 침략당해서 멸망한 것이 아니다. 전염병으로 인해 멸망하였다. 지구상에서 공룡이 사라진 이유도 전염병 때문이고 잉카, 마야문명이나 이집트 문명 역시 전염병에 의한 멸망설이 지배적이다. 현대의학이 발달하고 마스크의 대량생산이 가능해졌기 때문에 잘 방어하고 있다고는 하지만 우리는 최대의 재앙에 직면해 있다. 이를 신혜영 수필가는 날카로운 시선으로 지적하면서 우리에게 코로나 19바이러스의 위험성과 경각심을 다시금 재고시켜주고 있는 것이다.

지난 4월 중순 라일락 꽃향기가 어딜 가나 바람결에 흩어질 때 외손녀가 예정일보다 열흘이나 먼저 기다리던 반가운 손님처럼 우리들 곁으로 왔다.

그리고 산후 조리원을 거쳐 도우미의 도움을 받고도 딸아이가 혼자 키우는 것이 힘들어 보여 외할머니인 내가 서울로 올라가 아기돌보는 일을 도와주었다. 그러다 서울이 너무 덥기도 하고 나도 아직은 내 개인적으로 해야 할 일도 있고 해서 겸사겸사 딸아이와 손녀를 데리고 영월로 내려왔다.

처음엔 그저 예쁘기만 해 하루 종일 아기를 돌보고, 빨래하고, 젖병 소독하고, 씻기고 재우느라 하루가 어떻게 가는 줄 몰랐다.

거기다 밤에 깨기만 하면 달려가 우유먹이고 재우는 일을 한 열흘가까이 하다 보니 낮에도 정신이 몽롱하고 금세 있었던 일도 잊어버리는 일이 빈번해졌다. 그리고 아침에 일어나면 온통 머릿속이 백지장처럼 하얗게 비어있는 기분이 들 때도 많았다. 분명 딸아이가 분유를 바꾼다고 이 분유에는 이만큼 넣으라 말했건만 난 곧 잊어버리고 엉뚱한 우유 분량을 타서 먹이기도 했다. 아기를 키우는 일은 생각처럼 쉬운 일이 아니었다.

문득 돌아가신 어머니 생각이 났다.

친정어머니는 내가 직장생활을 하는 바람에 큰아이를 다 클 때까지 키워주셨다. 그때는 말씀을 안 하셔서 몰랐는데 어머니가 큰아이를 키우실 때도 이렇게 힘드셨겠지 생각하니 마음이 아팠다. 생각지도 않게 외손녀를 돌보게 되고서야 '어머니가 우리 아이 키우시느라 힘드셨으리라.'하는 생각이 들었다. 진작 알았더라면 말이라도 고맙다고 많이 해드릴 것을 후회가 된다.

- 「세상에 공짜는 없다」 부분

신혜영 선생은 글을 쓰는 수필가다. 그러나 수필가이기 이전에 평생 동안 학생들을 가르쳐온 교육자다. 그리고 교육자이기 이전에 한 가정의 어머니다. 때문에 교육자의 눈과 어머니의 눈을 가진 신혜영의 수필은 따스하다. 그의 글에는 정이 들어있다. 그이 글마다 어머니로서 할머니로서, 그리고 선생님으로서 따스한 마음이 묻어나온다. 이 수필은 손자를 돌보며 어머니의 마음을 헤아려보는 글이다. 신혜영 선생님이 교육자로서 학생을 가르쳐온 동안 그녀의 어머니는 아이들의 육아와 반찬 등 살림살이를 도맡다시피 도와주셨을 것이다. 그런 희생 없이 직장생활을 잘 한다는 건 어려운 일이다. 어머니라는 이름에는 평생을 케어한다는 뜻이 포함되어 있다. 어버이 노래의 가사에 "진 자리 마른 자리 갈아뉘시며 손발이 다닳도록 고생하시네"라고 했던 젖먹이 시절에는 그야말로 밤낮을 가리지 못하는 아기들의 특성상 거의 뜬눈으로 밤을 지새울 수밖에 없다. 하룻저녁에도 몇 번씩 젖을 달라고 보채는 아이에게 젖을 물리며 젖몸살의 아픔을 감내하는 어머니……. 오줌 쌌다 똥 쌌다 보채는 아이를 업고 안고 자장가를 부르며 서성거리는 어머니, 아이, 게다가 감기라도 들거나 몸에 이상이 생기면 펄펄 끓는 아이를 안고 어쩔 줄 몰라하거나 어두운 밤길을 마다하고 병원으로 달려갔을 어머니……. 그런 엄청난 스트레스에도 오로지 자신이 낳은 아기가 잘 자라기만을 바라며 작은 웃음에도 행복을 느꼈던 우리네 어머니다. 학생시절에는 그래도 큰 병치레의 시기가 어느 정도 지나서 아이들을 위한 가사노동만 하면 된다. 가방 챙기고 도시락 싸고 신발이며 의복에 준비물까지 챙기며 학교 가는 뒷모습을 바라보는 어머니의 얼굴에는 미소꽃이 만발했었다. 그러나 자식이 학교를 졸업하고 직장에 나가면서부터 어머니의 또 다른 걱정이 시작된다. 직장에 해를 끼치지는 않을까, 동료들이랑 잘 지낼 수 있을까? 적성에 맞는 직장이긴 한 걸까? 우리 아이로 인해 직장이 발전하고 사회가 발전할 수 있었으면 하는 바람의 시기를 넘으면 자식의 결혼에 대한 걱정이 시작된다. 일찍 출가하면 아무것도 모르는 자식에 대한 걱정, 늦게 출가하면 늦어지는 자식의 혼에 대한 조바심……. 그렇게 하여 결혼에 골인하게 되면 신혜영 수필가의 어머니처럼 손자까지 돌보며 또 다른 희생이 시작되는 것이다. 자식이 유년시절과 학창시절, 직장생활을 거쳐 그렇게 원만한 가정생활이 영위되면 차츰 자식들은 부모를 찾는 날보다 자기 자식과 자기 생활에 매달리게 된다. 그러면 어머니의 그리움은 점점 심화되어 가는 것이다. 날로 몸이 쇠퇴해지고 허약해지며 병마는 찾아오게 되는데, 자식들은 제 자식 돌보느라, 제 삶을 사느라 찾아뵙지 못하게 되는 것이 세상의 이치이고 보면, 어머니의 삶이란 그저 그렇게 희생만 하다가 끝이 나는 것 같다. 지금 신혜영 수필가는 어머니가 자신에게 보내주셨던 사랑을 그대로 답습하고 있다. 내리사랑이라고 했던가? 야생동물은 생존의 필요성 때문에 태어나자마자 걷고 뛰어야 한다. 소는 어미 소의 뱃속에서 떨어지자마자 바로 일어선다. 그런데 인간은 그러하지 못하다. 적어도 10년까지는 절대적인 보호가 필요하다. 그래서 하교 시간에 될 즈음의 초등학교 앞에 가보면 저학년 아이의 어머니들 수십 여 명이 삼삼오오 서성거리며 자기의 아이가 나오는 것을 기린의 목을 빼고 기다리다가 자기 아이가 교문 밖을 나서면 세상에서 가장 반가운 얼굴로 아이를 맞이하고 가방을 빼앗아 자신의 어깨에 얼러 메면서 손을 붙잡고 각자의 집으로 돌아가는 모습을 우리는 자주 접한다. 사자나 하이에나 같은 불량배들과 납치범을 따돌리고 삶의 사파리에서 자기 새끼를 보호하려는 어머니들의 본능은 눈물겨움을 넘어 아름답다. 그런 삶을 답습하는 신혜영 작가의 삶 또한 너무나 아름다워 눈물이 핑 돈다.

요즘 한창 유명 개그맨이 광고해서 인기리에 판매되고 딸아이가 해 먹어 보니 맛도 있더라는 데 만들어보니 아주 간단했다. 나는 국수를 좋하하지 않지만 남편이 좋아하는지라 예전부터 가끔 만들어주곤 했다. 내가 만드는 것에 비하면 이 비빔국수는 그냥 국수 삶아서 함께 동봉되어 있는 액체 양념을 부어 비벼 주면 끝이었다. 날씨 더운 날 만들어주기엔 딱이었다. 맛을 보니 국수를 그다지 좋아하지 않는 내 입맛에도 그 정도면 훌륭했다.

그러나 한 그릇 뚝딱 먹고 난 남편이 하는 말…….

"당신이 만든 국수보다 맛없어. 당신이 만든 비빔국수가 최고야." 속으로 난 '나보고 직접 해달라는 거야 뭐야?'라며 좋아해야할지 싫어해야할지 잠시 혼란스러웠지만 솔직히 기분 나쁘지는 않았다.

그걸 일하고 돌아온 딸아이에게 말하니 딸아이는 빙그레 웃으며 "아빠가 세상사는 법을 좀 아는데?"했다.

몇 년 전 한창 인기 있던 〈아버지가 이상해〉라는 드라마를 보는데 그곳에서 노부부가 부부학교를 다니며 받아온 과제 중 남편과 아내의 장점을 7가지씩 써오라는 장면을 보며 옆에서 함께 드라마를 보던 남편에게 내 장점 7가지를 말해 달라했다.

이 말끝에 남편이 조금의 망설임도 없이

"첫 번째, 예쁘다."

"두 번째, 교양 있다."

"세 번째, 똑똑하다."

"네 번째, 말을 잘한다."라나?

순간 놀라 "정말이야?" 라고 물으니 정말이란다.

분명 바보가 아닌 이상 이것이 나의 장점이 아니라는 것을 번히 알면서도 유치하게도 금세 기분이 좋아졌다.

남편이 나를 이렇게 좋게 생각하다니…….

- 「세상 사는 법」 부분

남자들은 참으로 단순하다. 아내들은 "고맙다, 사랑한다, 맛있다" 그 세 마디면 만사 OK이다. 그러면 아내의 맛난 음식을 얻어먹고 잘 다려진 와이셔츠를 입을 수 있는데 대부분의 남자들은 그걸 모른다. 정성들여 해준 음식이 가끔 입맛에 맞지 않아도 서철수 시인처럼 'TV광고에서 나오는 레시피대로 만든 국수가 당신이 해준 것보다 안 맛있다'며 말하면 되는데 '짜다, 맵다, 시다, 달다, 쓰다' 투정을 부리면 그에 대한 화는 고스란히 자신에게 돌아오는 줄 모르는 것이다. 아내인 신혜영 수필가가 남편인 서철수 시인에게 내 장점 7가지를 말해달라고 하자 조금의 망설임도 없이 "이 말끝에 남편이 조금의 망설임도 없이 "첫 번째, 예쁘다.", "두 번째, 교양 있다." "세 번째, 똑똑하다.", "네 번째, 말을 잘한다."라고 했다는 말을 듣고 정말 맞는 말이란 생각을 해본다. 내가 신혜영 수필가 서철수 시인을 안 것은 대략 20년 전 쯤으로 거슬러 오른다. 매년 영월에서 개최되는 김삿갓문화제에 참가하고부터다. 2021년인 올해 가을에 실시되는 김삿갓문화제가 24회라고 하는데 나는 아마도 5회 쯤의 가을에 시섬문인협회와 함께 처음으로 참석했던 것 같다. 두 부부는 첫회부터 김삿갓문화제를 기획하고 주관해오면서 영월을 전국에 알리는데 결정적인 역할을 해 오신 분이다. 물론 영월군청에서의 전폭적인 지원에 의해 이만큼 발전되었지만, 김삿갓문화제가 시작되기 이전의 영월은 그저 산골마을에 불과했다. 그러나 지금의 영월은 여행마니아들에게 가고 싶은 곳 1위로 손꼽힐 만큼 각광받는 여행지다. 영월은 수십 개의 박물관과 김삿갓문화제와 단종문화제를 통해 여행마니아들을 불러 모으고 있다. 그렇게 발전된 영월문화인프라 뒤에는 신혜영, 서철수 두 부부라는 마르지 않는 문화샘물이 있었다. 보통 남자들이 밖으로 나돌면 아내들은 그걸 싫어하거나 수수방관하며 내버려두기 십상이다. 그런데 두 부부는 부창부수다. 서철수가 가는 자리에는 언제든 신혜영이 함께 있었다. 그동안 신혜영 수필가는 서철수 시인이 영월동강문학회 회장을 하면 사무국장을 맡거나 사회를 보는 등 역할을 자처해왔다. 그리고 지금은 신혜영 수필가가 영월동강문학회 회장을 맡고 있고, 서철수 시인께서 아낌없는 외조를 해주고 있다. 그러니 서철수 시인은 자기가 추진하는 일을 전폭적으로 지지해준 아내 신혜영 수필가가 '예쁘고 교양 있고 똑똑하고 말을 잘한다'고 보는 것은 당연한 일이다.

서철수 시인은 일곱 가지 질문 중 네 가지만 말하고 끝났지만 나는 '착하다, 우애 있다, 글이 좋다'는 세 가지를 더 덧붙인다. 아마도 서철수 시인의 생각도 그러하리라.

엄청나게 덩치가 큰 코끼리가 서커스단에서 쇼가 끝나면 늘 천막 뒤편의 작은 말뚝에 묶인 채 가만히 있었다. 자신이 조금만 힘을 써도 금방 뽑힐 것 같은 말뚝에 매여 전혀 도망갈 생각을 하지 않고 말이다.

왜 그럴까?

그 코끼리는 태어나자마자 엄마코끼리와 함께 서커스 공연장을 따라다녀야했다. 물론 처음에는 아프리카의 다른 아기 코끼리들처럼 마음대로 뛰어놀며 자랐지만 그것은 잠시뿐이었다. 어느 날부터인가 서커스단에서는 작은 말뚝을 땅에 박고 아기 코끼리를 묶어 놓았던 것이다. 처음에 아기코끼리는 그렇게 묶여 있는 것이 몹시 답답하고 말뚝을 벗어나 마음껏 뛰어놀고 싶은 마음이 간절했지만 쇠말뚝을 뽑아버릴 힘이 없었다. 그곳을 벗어나려고 하면 할수록 더욱 더 단단한 쇠말뚝에 묶이게 되었고, 끝내 그곳을 벗어날 수 없었다. 그리하여 점점 말뚝에 묶여 지내는 생활에 길들여졌다. 결국 코끼리는 자유롭고 싶다는 마음을 접었고, 어른이 된 뒤에도 말뚝 곁을 떠나지 못한 채 살아갈 수밖에 없었다.

이 글을 읽으며 어머니 생각이 났다. 어머니는 평생 가족과 자식들을 위해서만 사신 분이었다. 한 번도 친구들과 어울려 놀러 다니신 적도 없고, 자신이 하고 싶은 것을 마음대로 하신 적도 없다.

어머니도 처음에는 친구도 만나고 싶으셨을 것이고, 무언가를 하고 싶으신 일도 많으셨을 것이다. 그러나 자식이라는 말뚝에 묶여 모든 것을 체념하고 오직 한평생 자식만 위해 사셨다. 우리가 다 자란 후에는 자유롭게 나가실 수 있었지만 어느새 그 생활에 길들여지신 어머니는 오직 자식들 생각으로 집안에서만 생활하셨다.

마치 코끼리와 말뚝처럼 시간이 흘러서도 스스로 만든 자식이라는 말뚝을 벗어나지 못하셨던 어머니…….

- 「어머니와 말뚝」 부분

어머니는 우리 인간의 영원한 안식처이자 피난처이다. 나는 일찍 어머니를 여의었다. 중 3때 어머니가 간경화로 돌아가셨다. 그래서 나는 바로 고등학교에 진학하지 못하고 공장에 보내졌다. 이후 나의 삶은 지난하였다. 내가 시를 쓰게 된 것도 작가가 된 것도 모두 어머니를 생각하며 글을 쓴 덕분이다. 나는 사실 어머니가 일찍 돌아가신 것 때문에 작가가 됐다. 너무나 그리워 너무나 사무쳐서 늘 내 일기장 속에는 어머니가 들어 있었고 낙서에는 수 없이 많은 어머니란 말이 썼다가 지워지고, 구겨졌다 가슴에서 다시 펴졌다. 최근에 나는 한국문인협회에서 발한 『문단실록』이란 책에 등재되었다. 현존하는 한국문인협회 소속의 기라성 같은 작가들 속에 내 문단이력이 들어있다. 한국문인협회 회원 2만여 명 중 172명만 청탁을 받았고 그 중에 내 이름도 대상이 되었는데, 내가 그럴 수 있었던 것은 오로지 어머니 덕분이었다. 나는 어머니를 위해 글을 쓰기 시작했고, 어머니 이름을 빛내기 위해 작가가 되었다. 그리고 나는 여러 번 말해왔지만 우리 시골집 마당가에 어머니에 관한 시를 써서 시비로 세울 것이다. 글을 쓰는 사람들에게 어머니란 소재는 단순한 하나의 소재를 넘어서 이데올로기다. 우리에게 어머니란 존재는 사상이고 이념이며 철학이고 신앙이다. 죽은 예수를 안고 있는 마리아상을 우리는 피에타상이라고 부른다. 미켈란젤로라는 저명한 조각가의 작품으로 널리 알려진 이 조각상에는 깡마른 아들이 웃옷이 벗겨진 채로 안겨져 있다. 어머니는 모든 것을 포기한 듯 지긋이 눈을 감고 예수를 위하여 기도를 하고 있는 듯하다. 아들의 죽음 앞에서 얼마나 가슴이 아플까? 그러나 예수의 어머니 마리아는 우리 인간의 죄를 뒤집어쓰고 십자가에 못 박혀 죽은 아들 예수의 죽음을 슬퍼하지 않는다. 부산 태종대에 가면 모자상의 조각상이 있다. 한복 치마저고리를 입은 어머니가 자애로운 모습으로 양 팔에 두 아이를 안고 있는 모습이다. 예쁜 모습보다는 어떤 시련도 헤쳐 갈 수 있다는 강인한 모습이다. 아무리 힘든 고통의 날이 와도 어머니는 거부하지 않는다. 집어삼킬 것 같은 무서운 파도가 몰려온다고 해도 어머니는 자식을 끌어안고 요지부동 하지 않을 것 같다. 경기도 양평의 세미원에 가면 작은 어머니 조각상이 있다. 할아버지를 머리에 이고 손자들을 팔뚝에 매달고 딸과 아들을 발등 위에 앉힌 조각상이다. 어머니란 그런 존재다. 남편을 떠받들며 책을 읽는 딸을 팔뚝에 앉히고 박사모를 쓴 아들을 팔뚝에 매달고 젖먹이 손자를 무릎에 붙들고 풍만한 가슴의 딸을 발등에 앉힌 어머니는 우리에게 주는 메시지가 강하다. 신혜영 수필가가 본 것처럼 어머니는 자식이란 말뚝에 매인 사람이다. 자식이란 말뚝에서 벗어나지 못한다. 신혜영의 어머니가 신혜영이란 말뚝에 매여 평생을 사셨고, 이제 신혜영이란 어머니가 그의 자식들의 말뚝에 매여 평생을 벗어나지 못하고 살고 있는 것이다.

아버지는 원주에서도 한참 떨어진 시골 가난한 농부의 8남매 중 넷째 아들로 태어나셨다. 어려운 집에서는 아버지도 형님들과 함께 농사짓기를 바라셨겠지만 아버지는 공부에 대한 미련을 버리지 못하시고 일제 강점기에 춘천 사범학교에 입학하여 유학(遊學)을 떠나셨다. 춘천사범학교 입학시험 당시 우리 때 하던 체력장 같은 시험을 치르셔야했는데 그러지 않아도 뜀뛰기를 잘 못하셨던 아버지는 혼자 바지저고리에 고무신을 신고 운동장을 뛰셨단다. 펄럭이는 한복바지와 벗겨지는 고무신으로 당연 꼴찌였지만 학업성적이 워낙 뛰어나게 우수하여 일본학생들을 제치고 좋은 성적으로 입학하셨다.

그렇게 아버지의 춘천 생활은 시작되었고 그때 만난 분이 바로 어머니시다. 학교까지 머슴이 데려다 주고 데려올 정도로 부유하신 어머니 집에 가정교사로 들어가셨다가 성실하신 아버지는 외할아버지 눈에 들어 엄마를 아내로 맞이하게 되셨다.

그렇게 사범학교를 졸업하고 아내를 맞이하여 고향인 소초로 돌아와 교사생활을 시작한 아버지는 일찍 관리자가 되셔서 오랫동안 교직 관리자로 일하셨다.

3남매를 전쟁 통에 잃으신 아버지는 전쟁 후 얻은 4남매를 정말 애지중지 하셨다. 아버지는 엄격하셨지만 더없이 따뜻하셨다. 우리 집은 언제나 포근했고 봄날 같았다. 유난히 사이가 좋으셨던 어머니가 80대 중반에 먼저 떠나시고 10년 이상을 혼자 지내셨다.

- 「아버지, 나의 아버지」 부분

아버지는 우리 인간의 영원한 배경이자 든든한 비빌 언덕이다. 나는 신혜영 수필가가 어찌해서 교육자가 되고 작가가 되셨는지 몰랐다. 그런데 이번에 이 수필집을 내면서 확실히 알게 되었다. 신혜영 수필가의 선친께서는 일찍이 사범학교를 졸업하시고 교육자의 길을 걸어오셨고, 신혜영 선생 역시 아버지의 길을 따라 걷고 있었던 것이다. 콩 심은데 콩 난다는 말이 꼭 맞는 것 같다. 우리 할아버지께서는 화천군수로 가셨다가 인민군에 의해 총살당하셔서 나는 할아버지의 사진조차 본 일이 없다. 그러나 할아버지의 기개를 물려받은 아버지는 한문 무불통지의 한학자셨고 가끔 한시를 지으시기도 했다. 그런 할아버지와 아버지의 피를 물려받은 내가 시인이 되고 교수가 되었듯이 신혜영 수필가 또한 교육자이셨던 아버지의 피를 물려받아 교육자가 되고 수필가가 되었으며 영월에서 꼭 없어서는 안 될 사람이 되었던 것이다. 동물의 사회에서는 아버지란 존재가 없다. 아버지란 1부 1처제에서만 행해지는 인간의 고유한 풍습으로 자유섹스 세계의 동물에게 아버지는 정해지지 않는다. 있다고 하더라도 그 배에서 태어난 자식으로 국한한다. 원앙이 잉꼬부부라 하지만 사실은 일부다처제를 유지하고 있고 번식이 끝나면 남남으로 산다. 그러면 아버지란 어떤 존재인가? 아버지는 양친부모, 즉 어머니와 아버지 두 사람 중 한 사람으로 자식에게는 매우 큰 비중을 차지한다. 아버지는 한 가정의 가장으로 과거에는 가계를 책임지는 사람이었으나 지금은 자식의 교육, 주거 등에 너무나 많은 비용이 들기 때문에 맞벌이 가정이 많아졌다. 그래서 예전의 가정에서 아버지들은 돈만 벌고 교육은 어머니가 도맡아 해왔다. 그렇게 교육받은 가정의 아이들은 대부분 엄마를 얕잡아보거나 아버지의 존재를 무시하는 경우가 생긴다. 분명한 것은 친정집에서 사랑을 받은 딸자식이라야만 출가해서도 시댁의 사랑을 받게 되어 있다. 떡도 먹어본 사람이 잘 먹는다고, 사랑 받고 자란 딸은 사랑을 받을만한 행동을 하며 사랑 받지 못하고 자란 딸은 어떻게 해야 사랑을 받을 수 있는지 잘 모르는 것이다. 그러나 신혜영 수필가의 아버지처럼 교육자로서의 모범을 보이고 안으로 자상하게 다독이며 가르친 자녀들은 성공의 길을 걷게 된다.

그녀를 마지막 본 것은 정확하지는 않지만 대략 42년 전이 아닌가 싶다.

그녀가 중학교 2학년 때 나는 전근 온 지 얼마 안 된 사회선생님이었다. 그녀를 그렇게 오래 가르치지는 않았다. 그래도 또렷하게 기억한다. 키가 작고 똘망똘망하고 당차고 야무졌다. 학교 특별활동 발표 때는 그녀는 각본을 짜서 반 친구들을 무대 위에 올리곤 했다. 그렇게 그녀는 적극적이었다. 그리고 3학년이 되어 그녀는 서울로 전학을 갔고 그 뒤 소식을 몰랐다.

그러다 작년에 그 당시 담임이었던 남편에게는 소식이 닿아 한번 만났다고 전해 들었다. 그녀는 예술대학 극작가 교수가 되어 있었다. 그럴 줄 알았다는 생각과 정말 대단하다는 생각이 겹쳤다. 그리곤 잠시 잊었다.

몇 주 전인가?

남편이 내게 말했다. 그녀가 쓴 각본으로 뮤지컬을 올린다고 티켓 두 장을 보내왔다고 했다. 나랑 함께 오라고 했단다. 문득 그 소리를 듣고 다시 42년 전의 그녀를 소환했다. 그녀의 10대와 나의 20대가 파랗게 눈앞으로 쏟아졌다. 그녀의 앳된 중학생 얼굴과 나의 젊음이 슬라이드 필름처럼 찰칵찰칵 소리 내며 지나가고 있었다. 나도 모르게 가슴이 쿵쿵 뛰고 있었다.

- 「명성왕후와 그녀」 부분

스승들은 제자가 찾아줄 때 가장 큰 보람을 느낀다고 한다. 나도 시창작 강의를 시작한 지가 20년이 넘었고, 고려대에서 강의한 지도 벌써 10년이 넘어 그동안 가르친 제자의 수만 해도 1천여 명 쯤 되어간다. 그 제자들 중 명절 때나 스승의 날이 되면 학교로 찾아와 후배들에게 모범을 보여주는 제자도 있고, 사무실로 찾아와 식사를 대접해주는 제자도 있고, 선물을 보내오는 제자도 있다. 그럴 때면 지난 20여 년 동안 아버지 돌아가신 날 빼놓고 하루도 결강 없이 가르쳐온 내 자신이 대견하기도 하고 보람되기도 하다. 올해는 내가 가르친 제자 세 명이 신춘문예에 당선했고, 찾아와 고맙다며 밥을 사줄 때 세상을 얻은 기분이기도 했다. 지금까지 나는 십여 분의 선생님을 모신다. 초등학교 때 4,5학년 담임이 되어 가르쳐주신 박광국 선생님을 나는 존경한다. 그 선생님은 매일같이 수업 시간에 두 시간씩 책을 읽어주셨다. 도서벽지에 속하는 포천시 이

동초등학교에 다니는 시골아이들에게 책을 읽어주시는 것은 꿈을 키워주기 위한 유일한 방법이셨을 것 같다. 6학년 때 나에게 처음으로 풍금을 쳐 음악을 가르쳐주신 이문근 선생님은 지금도 나의 우상처럼 계시다. 그 당시 시골학교의 교사들은 대부분 고등학교만 나와 시험을 봐 교사 자격을 얻은 준교사출신으로 피아노를 치지 못했다. 그래서 나는 5학년 때까지 음악을 배워보지 못한 것 같다. 그런데 6학년 1반이었던 우리 담임 선생님이 교육을 받으러 가신 날 우리는 6학년 2반의 이문근 선생님 반과 합반을 했다. 그날 선생님은 '꽈리'라는 자작곡을 작시 작곡하시어 우리에게 가르쳐주셨다. "둥글 둥글 꼬아리 입에다 물고 까아드득 까아드득 불어보았다 우리 언니 입에다 꼬아리 물고 까아드득 까아드득 불어보았네"라는 노래였는데 나는 그때 기억을 잊을 수가 없어서 수십 년이 지난 후 이문근 선생님의 이름을 인터넷에다 검색하였다. 그랬더니 수원의 잠원초등학교 교장선생님 이름이 검색되었고 전화를 드렸더니 '맞다'고 하여 지금도 그 선생님과 가깝게 지내고 있다. 중학교 때 국어선생님이셨던 홍관선 선생님은 경기도 화성시 남양면 사람이었다. 남양홍씨의 본거지에서 오신 선생님으로 그 선생님은 호리호리한 키에 호방한 성격이었고 칭찬을 잘 하셨다. 내가 엄마가 돌아가시고 고등학교를 진학하지 못해 농사를 짓다가 취직을 하려고 졸업증명서를 떼러 갔을 때 선생님은 나를 붙들고 이런저런 이야기를 나누며 나에게 용기를 주셨다. 그래서 그 선생님을 잊지 못한다. 지금도 자주 전화를 드리며 함께 살아가고 있다. 고등학교 3학년 때 담임이셨던 한중희 선생님은 아버지 같은 분이셨다. 엄마가 없는 나는 반장과 전교학생회장을 하고 있었다. 늘 부엌에 있는 사모님한테 " 거 순진이 반찬 조금 더 해요, 그거 순진이 꺼 싸 봐." 그렇게 나를 챙기셨다. 그래서 나는 그 선생님을 내 인생의 큰 스승으로 모시고 지금까지 한 번도 연락이 끊어진 적 없이 의논드리고 대화하며 살고 있다. 그밖에 대학과 대학원에서 만난 스승이나 글을 쓰러 나와 만난 스승까지 나는 문덕수, 함동선, 신규호, 유승우, 전영태, 이승하 교수님을 스승으로 모시며 살고 있다. 스승을 모시는 사람은 성공할 수 있다. 스승은 나에게 존재만으로도 올바른 가르침이 된다. 중학교 때 잠깐 가르친 제자가 예술대학 극작가 교수가 되었다니 신혜영 선생님은 얼마나 기쁘셨을까? 연극티켓 두 장을 보내와 공연을 관람하였다니 얼마나 대견하셨을까? 누구나 제자이고 누구나 스승이 될 수 있다. 스승은 가르칠 때 제자가 잘 되기만을 바랄 뿐 보상을 바라지 않는다. 그러나 제자는 스승을 찾을 줄 알아야 성공할 수 있음을 간과하지 말아야 한다.

'자격증 시험을 봐볼까?' 하다가도 이 나이에 그건 봐서 뭘 하지?'하는 생각이 들어 찾던 손길을 멈추었고, 누군가 무엇을 해보지 않겠냐고 제의해도 '이 나이에 내가 그런 일을 하면 뭐 해?'라는 생각이 들어 선뜻 응하지 못했다.

용기가 없는 걸까? 의욕이 없어진 걸까? 혼자 생각해볼 때가 많다. 사실은 용기나 의욕보다 자신이 없다. 자신감이 없어진다는 것은 삶에 의욕이 없어진다는 것과도 같다. 또 한편 내 자신이 많이 약해져 있다는 것이기도 할 것이다. 이런 저런 생각에 화창한 봄임에도 불구하고 며칠 우울했다.

그러다 문득 올해 101세로 타계한 시바타 도요가 떠올랐다. 99세에 『약해지지 마』라는 첫 시집을 내서 150만부가 넘게 팔렸던 일본의 할머니 시인 말이다.

있잖아
불행하다고 한숨짓지 마
햇살과 산들바람은
한쪽 편만 들지 않아
꿈은
평등하게 꿀 수 있는 거야
나도 괴로운 일 많았지만
살아 있어 좋았어
너도 약해지지 마.

이 「약해지지 마」 라는 시는 마치 내게 말하는 듯했다. 그녀는 남편과 사별하고 혼자 살면서 그동안 하던 일본 무용이 힘에 부쳐 90세가 넘어서야 시작한 것이 시 쓰는 일이었다고 한다. 그녀는 쉬운 말로 시를 쓰면 무시하는 일본에서 알기 쉬운 말로 마음을 전달하는 것이 가능하다는 것을 보여 주었던 대표적인 시인이다.

그 시인을 떠올리자 생각이 달라졌다. 정말 나이는 숫자에 불과하다. 약해지지 말아야지……. 누구나 평등하게 꿀 수 있는 것이 꿈이다. 무엇을 위해서보다 나를 위해서 새로운 것에 도전해 보고 이루려고 노력해 봐야겠다. 시바타 도요에 비하면 난 지금 너무 어린 나이 아닌가? 우물쭈물 시간을 보내는 일은 너무 아깝다는 생각을 이제야 한다.

- 「약해지지 마」 부분

나이가 들수록 도전을 해야 한다. 도전하는 자를 젊은이라 부르며 회상하는 자를 늙은이라 부른다. 젊은이라는 말은 원래 짊은이에서 왔다. 짊을 진 이라는 뜻으로 남의 짐을 나누어진 사람이란 뜻이다. 전철에서나 길에서나 나는 자주 젊은이의 행동을 다한다. 천안에 사는 한 아주머니는 독립문에 있는 영천시장에서 떡을 떼어 머리에 이고 3호선 독립문에서 타서 종로3가에서 갈아타고 천안을 가신단다. 신설동으로 출근하던 나는 날마다 출근시간이면 그 아주머니를 만났다. 나는 언지든 그의 다라를 들어 내려놓았다가 또다시 들어 머리에 이어드리곤 했다. 길을 찾는 외국인이 있으면 다가가 가르쳐주고 계단을 오르는 노인이 있으면 팔을 부축해 모시고 올라간다. 박스를 잔뜩 싣고 언덕을 오르는 리어카가 있으면 언덕까지 밀어들이고 유모차에 실은 폐박스가 쓰러져 흘러내려 쩔쩔매는 할머니를 보면 차를 옆에 세우고 찬찬히 묶어드리고 간다. 힘은 쓸수록 늘고 마음은 쓸수록 고와진다. 고로 나는 젊은이다. 신혜영 수필가의 말씀처럼 약해지지 말자. 나이가 들었다고 양보 받으려 하지 말자. 고려대 평생교육원에서 나에게 시를 배운 76세의 약사 김재농 시인은 등산 전문가였다. 그는 대한약사회의 회장을 지내기도 했는데, 매일 작은 가게에서만 일해야 하는 약사들의 건강이 걱정되어 수십 년 전부터 약사산악회 약사스킨스쿠버다이빙회 등을 창립해 지금까지 이어오고 있다고 한다. 그가 수업 중간에 몇 주 못 나오시겠다고 말씀하셨다. 이유를 물어보니 에베레스트산을 가신다고 했다. 그리고 몇 주 만에 시커멓게 탄 얼굴로 돌아와 수업에 나오셨다. 그 연세에 그 높은 산을 어떻게 다녀오셨느냐고 물으니 "한 발 한 발 갔다 왔지요."란 대답이 걸작이다. 맞다. 남산 계단의 숫자가 150개라면 한꺼번에 150계단을 오를 수도, 한꺼번에 다섯 계단씩 오를 수도 없는 것이다. 한 계단 한 계단 밟고 올라가야만 올라갈 수 있는 것이다. 약해지지 말아야 한다. 여자라고 할머니라고 하지 말라는 것은 없다. 내 강의의 청자는 대부분 여류 시인지망생들이다. 대부분 5,60대의 여성들이다. 나는 그녀들에게 말한다. 여자라서 못할 것은 없다. 내가 미리 할 수 없을 거라고 단정짓지 말자. 설악산은 정상까지 오르는 것만이 능사가 아니라 설악산으로 가는 과정 속에서 남편도 흉보고 시어머니도 흉보며 자식자랑도 하면서 스트레스를 날라고 오면 되는 것이지 설악산을 꼭 올라갔다 와야만 할 이유는 없다. 고로 우리는 시인이 되는 과정이 즐겁고, 여행하는 과정이 즐거운 것이다. 지점토와 니들포인트와 수채화와 캘리그라피를 배우는 것은 그걸 배워서 취직을 하거나, 무슨 시험에 응시하려는 것이 아니라 삶의 재미를 도와주는 친구 한 명을 사귀는 일이라 생각한다. 사실 그림이든 악기든 무슨 일이든 5년만 열심히 배우면 전문가가 되는데, 사람들은 재능이 없다느니, 소질이 없다느니, 선천적이지 못하다느니……. 그런 저런 이유를 대며 포기한다. 눈 뜨면 삼시세끼 찾아먹는 정성과 노력이라면 못할 것은 없다. 누구나 전문가가 될 수 있는데, 단 하지 못하는 사람이 있다. 그 사람은 지레짐작하고 자신을 과소평가하며 나에게 기회를 주려하지 않는 사람이다. 평소에 하고 싶은 것이 있었다면 지금 시작하면 된다. 공부가 부족하다면 지금 방송통신고등학교, 방송통신대학교에 입학하면 되고, 글씨를 잘 쓰고 싶다면 서예나 캘리그라피 강좌를 찾아가면 된다. "나는 그림에는 젬병이야." 이젠 그런 말 하지 말자. 시작하고 꾸준히 노력하면 어느새 당신은 자신도 모르는 사이에 전문가가 되어 있을 것이다.

어김없이 이번에도 이산가족 상봉행사를 보면서 문득 작년 제 20차 이산가족 상봉 행사장 풍경이 떠올랐다. 2차례에 걸쳐 금강산호텔에서 이뤄진 행사로 남과 북의 많은 형제자매와 부모자녀 또 부부가 재회하였다.

그 중 기억에 남는 것이 북측의 87세 한음전 할머니와 남쪽의 86세 전규명 할아버지의 재회 장면이다. 황해북도 개풍군이 고향인 전 할아버지는 6·25 전쟁 당시 북한군에 끌려갔다가 남쪽에서 포로로 붙잡혔단다. 그때 북에 남겨진 아내는 결혼한 지 2년 밖에 안 된 곱디 고운 나이로 뱃속에는 아들이 자라고 있었다고 했다.

그러다 이번 행사로 65년 만에 재회하게 된 것이다.

다시 만난 전 할아버지는 "나 시집올 때 기억나?"하고 묻는 어느덧 곱디 고운 얼굴은 찾아볼 수 없고 주름이 깊게 팬 할머니에게 "이뻤지. 그러니까 결혼했지"라며 꿈결 같은 과거를 했고, 할머니의 손을 꼭 붙잡고 수없이 "우리 이쁜이, 우리 이쁜이"라고 말하면서 어쩔 줄 몰라 했다.

"우리 둘 다 죽지 않고 살아있으니 이렇게 보고 얼마나 좋아……." 남편이 말하자 아내는 "곧 둘 다 죽겠지 뭐."라며 침울하게 답하기도 했다. 헤어짐을 앞두고는 "지금 살고 있는 데가 어디라고 했지?"하고 묻는 남편에게 아내는 "물어 뭐해. 같이 가지도 못하는데."라며 '타박'을 줬다가 이내 "그래도 알아는 놔야지. 개성이지, 개성."이라고 답했다.

또 한 할머니가 남편의 귀에 얼굴을 바짝 붙이고 "영감 살아서 이렇게 보니 좋아. 영감 보지도 못하고 죽을 거면 내가 왜 산 거야. 원 풀었어."라는 말에 전 할아버지 역시 "나도 원 없어."라고 하기도 했다.

이런 저런 이야기를 나누던 노부부는 '작별상봉이 10분 뒤면 끝난다'는 방송이 나오자 눈물을 참지 못하고 두 손을 꼭 잡은 채로 하염없이 눈물만 흘리던 모습이 아직도 눈에 선하다.

그러다 눈물을 멈추지 못하는 아내를 달래며 "차라리 안 만나는 게 더 좋았던 게 아닌가 싶어. 만나질 않았으면 이렇게 금방 헤어지지 않는 건데……."라며 헤어짐을 아쉬워했다.

그때 전 할머니는 눈물을 떨구며 "살아있는 거 알았으니 원 없어. 생일날 미역국 계속 떠놓을게. 걱정 말고 잘 가슈."라고 했고 이 말에 전 할아버지가 오열을 했다. 이렇게 노부부는 또다시 기약 없는 이별을 맞이했다. 보는 내내 나도 그만 함께 울었다. 이렇듯 사실 이별이란 그 어떤 이별이건 마음 아픈 일이 아닌가?

- 「어느 노부부의 사랑」 부분

우리 집안은 역시 이산가족이다. 할아버지가 화천군수로 가셨다가 총살을 당하셨고, 큰아버지는 민주당 철원군청년부장으로 활동하며 원산에 당무를 보러 갔다가 전쟁이 터져 못 나오셨다. 우리나라가 노벨문학상을 받지 못한 이유가 있다. 사람들은 우리나라 말의 어휘가 너무 많아서 번역이 어려워서 그렇다느니, 국력이 약해서 노벨상위원회에서 씨알이 먹히지 않는다느니 그런 저런 이유를 대며 노벨문학상을 받지 못한 이유를 합당화시킨다. 그런데 나는 그렇게 생각지 않는다. 우리나라에는 수많은 외국인이 살고 있고 그들 중에는 충분히 우리 문학작품을 번역할만한 능력을 가진 사람이 있을 것이라 생각한다. 그리고 우리의 국력 또한 세계 10위의 경제대국이 된지 오래다. 우리가 노벨문학상을 받지 못하는 이유는 우리 민족의 아픔을 지속적으로 파헤치고 노래하지 못한 탓이다. 일제강점기로부터 6.25동란과 보릿고개와 민주화운동으로 이어지는 우리 민족의 수난사를 우리는 왜 집중적으로 파헤치지 못했던가? 적어도 일제강점기의 아픔을 써 세계만방에 고해야 했다. 적어도 6.25동란의 참상과 공산주의의 모순을 드러냈어야 했다. 그런데 우리는 그 두 번의 기회를 작품으로 살리지 못했다. 그런 작품이 아주 없었다는 말이 아니라, 지속적으로 꾸준히 그것만을 가지고 밀어붙이고 도전했어야 했다. 그런데 우리는 서구사회에서 일어날 수 있는 보편적 이야기들을 들먹거리며 우리의 가려운 곳을 긁지 못했다. 그것이 우리가 노벨상을 받지 못하는 이유다. 지금도 우리는 분단 속에 놓여있고, 탈북해 정착한 새터민들의 증언과 탈북을 돕는 사람들의 뼈저린 이야기를 들어 작품화하여야 한다. 그것만이 우리가 노벨문학상을 받을 수 있는 최선의 길이라 생각한다. 그 민족을 구원하는 작품은 그 민족의 아픔을 노래한 작품일 것이분명하기 때문이고, 이는 노벨상위원회가 원하는 길라잡이일 것이다. "우리 둘 다 죽지 않고 살아있으니 이렇게 보고 얼마나 좋아……." 라고 말하는 늙은 남편의 말에 "곧 둘 다 죽겠지 뭐."라는 개성 아내의 말에는 너무나 큰 괴리가 숨어있다. 신혜영 수필가가 본 이산가족은 단순이 한 가족의 이별을 넘어서 우리 민족의 아픔을 이야기하고 있는 것이다. 세상 모든 것은 생각이 지배한다. 개인의 반짝이는 생각을 아이디어라 하고, 그 사람이 지속적으로 가지고 그렇게 믿고 있는 생각을 신념이라고 한다면, 그 집단이 가지고 있는 생각을 이념이라 하고 이를 외래어로 이데올로기라고 한다. 인간은 기본적으로 자유롭고 윤택하게 살기를 원한다. 그런데 민주주의란 이념은 인간의 기본적인 이념을 자유로운 선택에 열심히 노력하면 누구나 윤택하게 사는 것에 초점을 맞추는 것에 반하여. 공산주의 이념은 누구든 똑같이 분배하고 똑같이 잘 살기를 바라며 통제한다. 공산주의의 모순은 거기에 있다. 덩치가 크고 작으며 욕심이 많고 작은 사람의 특성상 똑같이 분배하면 어떤 사람은 배부를 수 있으나 어떤 사람은 배가 고플 수 있다. 일을 하지 않아도 똑같이 분배한다면 열심히 일하는 사람들이 없어진다. 김정은은 왜 그렇게 쉬운 이치를 깨닫지 못하고 통제경제를 계속하는지 정말 모를 일이다. 시장경제만이 인간의 살길인데 말이다.

이렇게 해서 신혜영의 수필 몇 편을 읽어보면서 신혜영의 문학사계를 여행해 보았다. 신혜영 수필가의 특징을 두 가지로 함축해 말한다면 그 하나는 소재의 다양성(多樣性)이다. 수필은 대개 가족사, 개인의 신변잡기 등을 소재로 하기 때문에 한 사람의 글을 읽으면 패턴이 대동소이함으로써 읽는 이로 하여금 신선함을 느끼지 못하게 하는 경우가 많은데 반하여 신혜영의 수필은 실로 다양한 소재로 우리에게 공감과 신선이란 바람을 동시에 환기시킨다. 비교적 짧은 글에서 다양한 패턴을 보여주기 때문에 매장을 넘길 때마다 호기심과 긴장감을 유발할 수 있었다. 보통 정년퇴임한 교사의 수필집은 학생들과의 일화라든지 출퇴근에 얽힌 이야기 등 비슷할 수 있는데 반하여, 신혜영의 수필은 정말 다양한 이야기들로 채워져 있어 독자에게 심심할 틈을 주지 않는다.

신혜영 수필의 또 다른 특징 하나는, 묘사의 시성(詩性)이다. 현대의 시는 자꾸 산문화되어가며 산문은 자꾸만 시적인 용어들을 흡수하려 한다. 신혜영 수필에 쓰인 용어들은 이 단락, 이 대목에서 적합한 언어인가에 대하여 매우 신경을 쓴 흔적들이 곳곳에 나타난다. 신혜영의 수필은 단순히 상황묘사에 그치려 하지 않고 시적 마인드와 시적 분위기 형성을 통해 아름다운 문학작품으로 승화한다. 이를 함축해 말하자면 신혜영 수필의 특징은 '묘사의 詩性'이라는 점이다. 소설구조를 가지고 있는 장문 형태의 산문이 아니라 '축약된 산문', 다시 말해서 '詩化된 산문'의 특징 속에 녹아든 휴머니즘을 지니고 있다는 점이다.

신혜영 수필가가 이렇게 훌륭한 글을 써내시기까지 교사라는 직장과 영월문협 동강문학회 회장이라는 사회 활동, 그리고 육아와 가사노동을 견디며 주경야독으로 쌓아올리신 형설지공은 그 어떤 수고보다 아름다운 수고였다고 말씀드리고 싶다. 곡식을 기르거나 자식을 기는 일, 크나큰 건축물을 짓거나 바다 위에 서해대교를 놓는 일도 훌륭한 일이지만 어려운 환경을 딛고 끊임없이 노력하여 자신을 위해 높고 험준한 인생의 산맥을 넘는 일이야말로 인간에게는 가장 크고 위대한 업적이다. 그런 점에서 신혜영 수필가의 인생은 성공한 인생이며, 신혜영이란 사람은 성공한 사람이다. 신혜영 영월문협 동강문학회 회장께서 지역사회에서 봉사하며 자리를 지키고 계심에 주변사람들은 존경의 시선과 아낌없는 박수를 보내고 있다는 것을 말씀드리며 이 글을 맺고자 한다. 오랜만에 엮는 수필집의 상재를 진심으로 축하드린다.

신혜영 수필집

어머니와 말뚝

초판발행일 2021년 5월 8일

지은이 : 신혜영
발행인 : 김순진
편집장 : 전하라
디자인 : 김초롱
펴낸곳 : 도서출판 문학공원
등 록 : 2004년 3월 9일 제6-706호
주 소 : 우편번호 03382 서울 은평구 통일로 633
녹번오피스텔 501호 스토리문학사
전 화 : 02-2234-1666
팩 스 : 02-2236-1666
홈페이지 : http://www.munhakpark.com
이메일 : 4615562@hanmail.net

※ 책값은 뒤표지에 있습니다.